MULHERES
QUE LIDERAM
JOGAM JUNTAS

CARO LEITOR,

Queremos saber sua opinião sobre nossos livros.
Após a leitura, siga-nos no linkedin.com/company/editora-gente,
siga-nos no TikTok @editoragente e
no Instagram @editoragente
e visite-nos no site www.editoragente.com.br.
Cadastre-se e contribua com sugestões, críticas ou elogios.

DANIELA BERTOLDO

MULHERES
QUE LIDERAM
JOGAM JUNTAS

Construa uma cultura de sororidade no ambiente de trabalho e cresça como nunca

Gente
AUTORIDADE

Diretora
Rosely Boschini

Gerente Editorial
Rosângela de Araujo Pinheiro Barbosa

Editora
Audrya Oliveira

Assistente Editorial
Mariá Moritz Tomazoni

Produção Gráfica
Fábio Esteves

Preparação
Andréa Bruno

Capa
Amanda Cestaro

Imagem de capa
Rawpixel

Projeto gráfico e Diagramação
Vanessa Lima

Revisão
Vero Verbo Serv. Editoriais

Impressão
Gráfica Assahi

Copyright © 2023 by Daniela Bertoldo
Todos os direitos desta edição
são reservados à Editora Gente.
Rua Natingui, 379 – Vila Madalena
São Paulo, SP – CEP 05443-000
Telefone: (11) 3670-2500
Site: www.editoragente.com.br
E-mail: gente@editoragente.com.br

Dados Internacionais de Catalogação na Publicação (CIP)
Angélica Ilacqua CRB-8/7057

Bertoldo, Daniela
   Mulheres que lideram jogam juntas : construa uma cultura de sororidade
no ambiente de trabalho e cresça como nunca / Daniela Bertoldo. – São Paulo :
Autoridade, 2023.
   192 p.

   ISBN 978-65-88523-91-9

   1. Desenvolvimento profissional 2. Liderança 3. Mulheres I. Título

23-5609   CDD 658.3

Índice para catálogo sistemático:
1. Desenvolvimento profissional

NOTA DA PUBLISHER

Neste livro que navega pela verdade nua e crua sobre a realidade enfrentada pelas mulheres no universo executivo, a empresária Daniela Bertoldo nos instiga a fazer uma jornada de descoberta e empoderamento, destacando a importância da liderança feminina, da sororidade e da colaboração entre mulheres no mundo profissional.

Após trilhar por mais de 25 anos uma jornada bastante dolorosa, de muita entrega e sacrifício em prol de sua carreira, Daniela analisa as portas fechadas com que se deparou ao ascender até um cargo de alta executiva e avalia o preço que as mulheres pagam para desbravar um ambiente que encara a liderança feminina mais como uma ponta de apoio do que como protagonista.

Daniela começa desafiando a ideia comum de que as mulheres devem competir por um espaço limitado no mercado de trabalho e argumenta que, mais do que diversidade, é preciso promover livre atuação e respeito pela figura feminina dentro das corporações, defendendo que a sororidade genuína, o autoconhecimento e estratégias bem fundamentadas podem revolucionar o mundo dos negócios para as mulheres.

Ao longo do livro, você encontrará histórias pessoais e profissionais de Daniela, incluindo sua luta contra a síndrome da impostora, uma questão com a qual muitas mulheres podem se identificar, e sobre como, por um longo período, ela sacrificou sua maternidade, suas amizades e seu relacionamento em prol do trabalho, algo que hoje, segundo ela, é inegociável. Ela também destaca a importância da união entre mulheres para superar esses desafios e criar um ambiente de trabalho mais igualitário e respeitoso.

Mulheres que lideram jogam juntas oferece não apenas uma análise dessa realidade, mas também um guia prático para desenvolver a confiança, a autenticidade e a empatia necessárias para se destacar como líder sem sacrificar o restante de sua vida para isso. O livro desafia normas antiquadas, promove alianças poderosas e capacita a leitora a atingir seu pleno potencial profissional e pessoal.

Se você deseja fazer parte de uma mudança positiva no mundo corporativo, construir relacionamentos significativos com outras mulheres e conquistar seu espaço com confiança e determinação, esta é uma leitura obrigatória. Juntas somos mais fortes, e ao apoiar umas às outras podemos construir um futuro mais igualitário e promissor.

ROSELY BOSCHINI – CEO e Publisher da Editora Gente

DEDICATÓRIA

A Deus, cujo plano divino iluminou cada passo da minha jornada, guiando-me sempre pelo caminho do bem.

Para Pedro, meu filho, minha razão de viver e que multiplica a minha determinação em cada passo, palavra e ato deste livro. Que estas páginas sirvam como testemunho do poder da persistência, do amor e do sacrifício, e que elas inspirem em ti o desejo de construir caminhos com propósito e paixão.

Aos meus pais, alicerce de tudo que sou, que me ensinaram que a verdadeira força vem da integridade, do amor e da dedicação inabalável aos nossos sonhos e convicções. Em cada capítulo encontra-se o reflexo da sabedoria e do amor que de vocês recebi.

Aos meus irmãos, companheiros de jornada, que com amor e paciência me ensinaram a importância do apoio mútuo. Em muitas das minhas histórias, vocês são os heróis silenciosos que me sustentaram e me elevaram.

Esta obra é um testemunho de que, quando mulheres unem forças, a liderança é transformada, o mundo corporativo se reinventa e os sonhos se concretizam de formas que jamais imaginaríamos. Que a sororidade seja sempre nosso norte, e que juntas sempre joguemos no mesmo time.

COM TODO O MEU AMOR,
DANIELA BERTOLDO

SUMÁRIO

10   PREFÁCIO

14   INTRODUÇÃO

34   CAPÍTULO 1: Dos obstáculos às conquistas

52   CAPÍTULO 2: Estamos exaustas!

76   CAPÍTULO 3: Por uma diversidade real

102   CAPÍTULO 4: O poder da sororidade –

um novo paradigma para as empresas

128   CAPÍTULO 5: Método BERT – um recurso

para a transformação da liderança feminina

152   CAPÍTULO 6: Conheça a si mesma, respeite

seus limites e torne-se uma mulher de sucesso

174   CAPÍTULO 7: O poder da escolha ou o poder

da sororidade

PREFÁCIO

Escrever o prefácio para *Mulheres que lideram jogam juntas* é uma honra e uma responsabilidade que encaro com seriedade e entusiasmo. E isso se deve, em grande parte, à inigualável Daniela Bertoldo, uma mulher cuja trajetória de vida é tão inspiradora quanto educativa. Seu livro não é apenas uma extensão de sua rica carreira executiva, mas uma poderosa ferramenta de transformação.

O livro que você tem em mãos não se destina apenas às mulheres que buscam sucesso no mundo corporativo, mas também àquelas que desejam fazer isso sem perder sua essência. Daniela teve a coragem de abrir o livro de sua vida, folhear suas páginas mais dolorosas e extrair lições que poderiam facilmente ser transpostas para um manual de liderança feminina. Mas ela foi além. Ao partilhar conosco suas vivências, erros e acertos, Daniela tornou este livro uma obra prima da autenticidade e do crescimento humano.

A sororidade é um termo amplamente falado, mas raramente entendido em sua plenitude. Aqui, Daniela decodifica esse conceito de uma forma prática, ensinando-nos como a empatia e o apoio mútuo entre mulheres podem ser catalisadores para o sucesso individual e coletivo. Seu método BERT, um acrônimo para Bem-estar, Escolhas, Ressignificação e Transformação, é mais do que um guia; é um convite para reavaliar nossas prioridades, nossas relações e, em última instância, nós mesmas.

Como mentora da Daniela, vi de perto seu comprometimento em absorver e aplicar cada estratégia ensinada, sempre com um olho na excelência e outro na humanidade. Daniela implementa tudo com uma velocidade e eficácia que só poderiam ser alimentadas por sua vontade genuína de elevar outras mulheres. Este livro é a prova desse desejo transbordante.

Se você é uma mulher que busca liderar com integridade, encontrar o equilíbrio em um mundo frequentemente desequilibrado e cultivar uma rede de relações que transcenda os clichês do mundo corporativo, então este livro é para você. Espero que as palavras de Daniela se tornem a ponte que a levará a um novo

Prefácio

patamar de liderança – uma liderança que não é apenas eficaz, mas também profundamente humana.

Com amor e gratidão,

Paula Abreu

INTRODUÇÃO

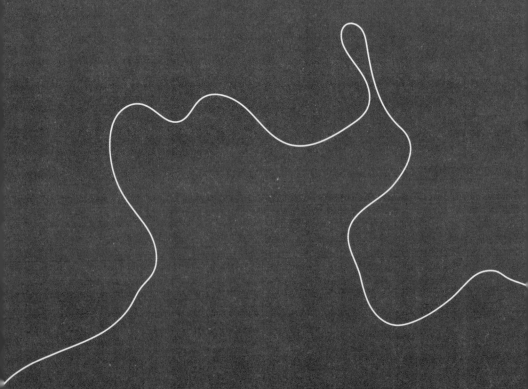

Lembro-me daquele dia como se fosse hoje. O almoço de trabalho em que discutiria estratégias com o CEO acabou tomando um rumo inesperado e repleto de dor. Ao nos sentarmos à mesa e iniciarmos a conversa, descobri que o papo daquele dia não tinha nada a ver com planejamento. Tinha a ver comigo.

Eu não podia acreditar no que estava ouvindo. As palavras do meu CEO, ditas como feedback, soavam como um zumbido distante em meus ouvidos. Eu não ouvia direito; a única coisa que podia sentir era um formigamento espalhando-se pelo meu pescoço e o pulsar frenético do meu coração parecendo querer se libertar do peito. Lutei para manter a compostura, mas a dor que me atingia era quase insuportável. E não era sem motivo – eu estava sendo demitida.

A notícia me deixou sem norte, sem chão. Parecia que o piso havia sido retirado sob os meus pés. De repente, eu estava sem crachá – uma identidade à qual sempre me agarrei ao longo dos vinte e cinco anos da minha trajetória profissional. Aquele simples cartão que trazia meu nome e cargo e destravava portas na empresa era mais do que um pedaço de plástico, era a minha definição – o CNPJ da empresa era como se fosse o meu CPF. Senti que havia perdido uma parte de mim, minha essência. Eu me sentia tão profundamente conectada com a empresa que cheguei a comprometer até a minha saúde. Parece um exagero? Sim. Mas eu não tinha essa consciência. Não naquele momento.

O fim abrupto de um relacionamento é quase sempre um exercício de resistência e de luta contra um mar de emoções tumultuadas – dor, raiva, surpresa, tristeza, insegurança, angústia, decepção – que vêm todas de uma vez em um turbilhão puxando-me para baixo.

Não é fácil lidar com tantos sentimentos juntos, ainda mais quando saímos de um trabalho em que depositamos todas as nossas fichas, principalmente quando ocupamos uma posição de liderança. Amizades, compromissos e até as roupas que eu comprava – tudo o que eu fazia era pensado para o ambiente corporativo. Por alguns bons anos, vivi exclusivamente para o trabalho, deixando a vida passar lá fora.

Introdução

Admissões e demissões podem acontecer. Assim como uma falência, a falta de caixa na operação, o fim de uma sociedade. A questão é como lidamos com tudo isso. Ou melhor, a questão é como lidamos com tudo isso *sendo mulher*. Expectativas, cobranças e julgamentos são mais pesados para nós.

Para além dos desafios da profissão que escolhemos, enfrentamos problemas que não têm a ver com a posição que assumimos, mas sim com a cultura machista ainda tão presente na maioria das organizações brasileiras (e do mundo todo) que discriminam a mulher e põem em xeque sua capacidade – mesmo quando ela é muito capaz.

Mulheres que trabalham em um posto de alto-comando sabem que os papéis que nos foram impostos socialmente são um obstáculo à ascensão profissional e à manutenção no cargo. Ainda lutamos contra a herança patriarcal que delega aos homens funções de poder e privilégios e às mulheres a submissão e a dedicação ao marido, aos filhos e ao lar. São crenças, valores e costumes equivocados, ensinados desde a infância. Quando dizemos, por exemplo, que meninos não choram e têm de ser fortes para se tornar bem-sucedidos na vida adulta, e que as meninas devem ser delicadas, cuidadosas e bonitas para encontrar um bom partido e construir uma família, estamos reforçando comportamentos e ideais que não fazem mais sentido para a sociedade, se é que já fizeram algum dia.

Felizmente esses estereótipos de gênero têm sido cada vez mais questionados pela sociedade, mas não sem sacrifícios e lutas. Nas relações de trabalho, executivas têm conseguido quebrar paradigmas, mas ainda esbarram em convicções limitantes, preconceito, falta de confiança, medo do julgamento e dificuldade em conciliar a vida familiar com a carreira. Caladas, muitas aguentam humilhações, agressões verbais e assédios para conseguir ascender profissionalmente.

Lamentavelmente, sabemos que a igualdade de gênero não é uma realidade no país – e as lideranças das empresas refletem isso. Temos menor participação no mercado de trabalho e somos menos valorizadas, como mostram, por exemplo, as diferenças salariais por gênero. É verdade que tem crescido o público feminino em posições de liderança nas últimas décadas. Claro que tivemos avanços, mas o ritmo é lento e o custo é alto.

Segundo o Relatório Global de Desigualdade de Gênero de 2022 elaborado pelo Fórum Econômico Mundial,[1] serão necessários 132 anos (sim, você não leu errado!) para que homens e mulheres estejam em condições iguais no mundo corporativo. Uma pesquisa da Catho

---

1 WORLD ECONOMIC FORUM. **Global Gender Gap Report**. Geneva: World Economic Forum, 2022. Disponível em: https://www.weforum.org/reports/global-gender-gap-report-2022/digest. Acesso em: 10 set. 2023.

Introdução

de 2021[2] mostrou que as mulheres ocupam apenas 39% dos cargos de alta liderança, mesmo sendo maioria na população brasileira.

Esse número até pode parecer razoável quando comparamos ao passado próximo, mas só quem faz parte desses dados sabe quão agressivo é o ambiente de trabalho dominado por homens em cargos de chefia. Mesmo quando alcançamos um cargo de autoridade, somos diminuídas. É comum fazermos alianças com homens, mas não com nossas semelhantes. Acumulamos funções e fazemos um esforço sobrenatural para obter o respeito da equipe. Em busca de crescimento profissional, aceitamos ganhar menos, trabalhar mais e agradar mais (aos homens). E, ainda assim, nunca nos sentimos boas o suficiente. Além dos desafios inerentes à profissão e das barreiras externas, temos de lidar com inúmeras batalhas interiores.

Não à toa a síndrome da impostora acomete tantas mulheres do alto-comando, que se sentem incapazes de acreditar que seu sucesso é justo e alcançado com trabalho duro, habilidades e capacidades. Tendemos a crer que o êxito ocorre por outros motivos, como sorte ou estar no lugar certo e na hora certa.

---

2   CATHO. A presença feminina tem salários mais baixos do que dos homens. **Catho Online**, 12 maio 2023. Disponível em: https://www.catho.com.br/carreira-sucesso/a-presenca-feminina-tem-salarios-mais-baixos-do-que-dos-homens/. Acesso em: 10 set. 2023.

A pesquisa KPMG Women's Leadership Summit Report de 2020 mostrou que 75% das executivas já experimentaram a síndrome da impostora em certos momentos da carreira. E a maioria das entrevistadas (85%) acreditam que a síndrome é comumente vivenciada por mulheres nas corporações estadunidenses.[3] E o mesmo ocorre no Brasil.

Tenho propriedade para afirmar esse fato depois de ter vivido durante vinte e cinco anos no universo da liderança em corporações. Trabalhei em diversos segmentos em empresas líderes de mercado e sofri na pele inúmeras dificuldades pelo simples fato de ser mulher. Mas não me arrependo da minha trajetória. Consegui construir uma carreira, estabilidade financeira, patrimônio e muita experiência. A cada mudança de emprego, eu me superava. Saía de uma empresa boa para outra melhor ainda, com um cargo mais importante e ganhando mais.

Até o dia em que caiu o meu crachá.

Quando fui desligada, fiquei muito mal, chorei bastante. Eu só pensava em como, mesmo sofrendo e em um ambiente hostil desde a hora em que entrei na empresa, deixei tudo aquilo acontecer.

---

3 KPMG INTERNATIONAL. **Acelerando o futuro das mulheres nos negócios**: The 2020 KPMG Women's Leadership Summit Report. KPMG International, out. 2020. Disponível em: https://assets.kpmg.com/content/dam/kpmg/br/pdf/2021/03/Sindrome-da-Impostora.pdf. Acesso em: 10 set. 2023.

Introdução

Eu estava tão deslumbrada com a sensação de que havia realizado um sonho que aguentei firme por dois anos em um ambiente hostil, de ameaças veladas e explícitas, manipulações e boicotes – simplesmente por insistir em ser uma mulher no comando. E olha que não foi algo pontual ou limitado a poucos eventos: as ofensas começaram no primeiro dia de trabalho, quando anunciaram a minha chegada à empresa.

"Uma mulher para comandar a gente?"

"Mulher, jovem e bonita? É impossível dar certo, não dura dois meses."

"Essa empresa vai afundar com uma mulher no comando."

"O presidente só pode estar louco."

Acredite, esses foram alguns dos comentários que ouvi e li no chat da reunião por videochamada ao assumir a diretoria de negócios de uma empresa líder de mercado em seu segmento. Havia em torno de 1.200 parceiros da marca no país, sendo a grande maioria homens.

Nos cinquenta anos da organização, fui a primeira mulher a assumir o cargo, sendo responsável por gerenciar a rede de parceiros espalhados em todo o território nacional. Achei que estivesse fazendo história e que fosse abrir caminho para outras mulheres, mas fui a primeira e, até o momento, a única mulher a assumir uma cadeira de executiva naquela diretoria de negócios. Acredite: meu sucessor foi um homem.

Após o anúncio da minha chegada, em um almoço com meu antecessor, dividi com ele minha indignação sobre a forma como as pessoas estavam reagindo à minha presença. Essa situação discriminatória em pleno século XXI era inadmissível na minha cabeça. Mas não na dele, que me disse o seguinte: "Realmente é uma posição muito complexa e que deveria ser liderada por um homem. O jogo aqui é pesado. O novo CEO não conhece o negócio, porque, se conhecesse, jamais teria contratado uma mulher para essa posição. Prepare-se, porque sua vida não será nada fácil". Belas boas-vindas, não?

De fato, foi uma gestão difícil, mas tenho certeza de que teria sido melhor se eu não tivesse sido barrada desde o começo pelo meu gênero. Gestão é um desafio por si só, mas, quando quem deveria somar com você é o primeiro a dificultar seu caminho, fica muito mais difícil.

O machismo vinha de todas as partes: dos pares, dos colaboradores, da própria equipe diretamente subordinada. Vários parceiros de negócios antigos me boicotavam, queriam me tirar do cargo a todo custo. Cheguei a receber um e-mail de um homem que se dizia incomodado em ser liderado por uma mulher porque "nem o gerente do banco" dele era mulher.

Introdução

Outra mulher, licenciada da empresa havia vinte anos, chegou a falar mal de mim para o meu CEO. Quando a procurei para entender o que estava acontecendo, ela me disse que era machista e não aceitava a minha presença, pois já estava acostumada com homens no comando e gostava disso. Como ela podia dizer que preferia ter um chefe homem sem ao menos ter experimentado ser chefiada por uma mulher?

Certa vez, fui ameaçada ao visitar um parceiro influente no sul do país. Estava no aeroporto, voltando para São Paulo, quando recebi o "aviso" no pé do ouvido: "Aqui tem um grupo de dez representantes que mandam na empresa. Se você quiser continuar no comando, vai ter que aceitá-los e acatar todas as suas decisões. Caso contrário, eles vão todos os dias colocar pedras no seu caminho até que você tropece e caia".

Apesar das ameaças e dos assédios constantes, eu só pensava em provar que daria conta, que uma mulher é tão ou mais competente que um homem. Era um embate diário e desgastante. Pensei em desistir várias vezes, mas logo mudava de ideia e dizia a mim mesma que, já que havia chegado até ali, iria até o fim, sem me submeter às ameaças. E assim o fiz.

Eu buscava cada vez mais superar os resultados e melhorar a minha performance, mas acabei me esquecendo de algo fundamental: eu mesma.

Das minhas dores, porém, encontrei forças e motivação para um novo propósito.

RESPEITE SUA ESSÊNCIA

Crescer profissionalmente, assumir mais responsabilidades, liderar equipes, empreender e inspirar outras mulheres está nos planos de muitas de nós. Mas para sobreviver nesse cenário – ou melhor, para viver de modo saudável nesse cenário – precisamos nos colocar em primeiro lugar, definir quais são os nossos limites e fazer escolhas conscientes para as nossas prioridades.

Precisamos praticar a **sororidade**, não por obrigação ou para fazer bonito nas redes sociais, mas para promover a união e a cooperação entre as mulheres – fazendo jus ao significado dessa palavra nos dicionários. Precisamos praticar a **empatia** e nos colocar no lugar do outro, respeitando suas histórias e seus diferentes contextos. Se você já trabalhou em parceria com mulheres, sabe quão importante isso pode ser. Costumo dizer que estar com as mulheres certas encurta caminhos e amplia o olhar à frente. O futuro é melhor se houver mulheres em todas as mesas onde as decisões são tomadas. Não é mesmo? E, se não lhes derem um lugar

Introdução

à mesa, tragam uma cadeira dobrável, como sugeriu a primeira congressista negra dos Estados Unidos, Shirley Chisholm (1924-2005), uma das pioneiras a reivindicar a inclusão e a igualdade das mulheres ao longo da história. Quanto mais mulheres assumirem papéis de liderança e puderem falar de suas necessidades e interesses, melhores serão as condições para todas nós. Quando uma mulher ganha, todas nós vencemos.

Estudos já mostraram que a presença feminina em posições de liderança em empresas impacta na busca por melhores resultados, valorizando o relacionamento interpessoal e a harmonia em equipe. O relatório The Ready-Now Leaders da ONG Conference Board[4] mostra, por exemplo, que as organizações com pelo menos 30% de mulheres em cargos de liderança têm doze vezes mais chance de estar entre as 20% melhores em desempenho financeiro. Já a pesquisa feita pelo Peterson Institute for International Economics (PIIE)[5] comprovou que o crescimento do lucro líquido para as companhias com mulheres em seus conselhos foi em média de 14% em com-

---

4 KRUSE, Kevin. Mulheres são mais eficazes que os homens na liderança, diz pesquisa. **Forbes**, 3 abr. 2023.Disponível em: https://forbes.com.br/forbes-mulher/2023/04/mulheres-sao-mais-eficazes-que-os-homens-na-lideranca-diz-pesquisa/. Acesso em: 10 set. 2023.

5 NOLAND, Marcus; MORAN, Tyler; KOTSCHWAR, Barbara. **Is Gender Diversity Profitable? Evidence from a Global Survey**. Washington, DC: The Peterson Institute for International Economics, fev. 2016. Disponível em: https://www.piie.com/publications/working-papers/gender-diversity-profitable-evidence-global-survey. Acesso em: 10 set. 2023.

paração com 10% para aquelas com conselho composto somente de homens. E, além da questão das finanças, as mulheres trazem outros benefícios. Uma pesquisa da organização Leadership Circle[6] com base em análises de mais de 84 mil líderes e 1,5 milhão de avaliadores (incluindo chefe, chefe do chefe, colegas, subordinados diretos e outros) mostra que as lideranças femininas se saem melhor nas dimensões criativas, destacando-se na construção de relacionamentos mais autênticos e conexões mais fortes, entre outros aspectos importantes, como inovação, flexibilidade, cooperação e incentivo à diversidade.

Uma vez lá em cima, levamos outras mulheres junto, e é exatamente isto o que se espera: uma corrente de apoio para tornar equilibrados ambientes tradicionalmente masculinos. Uma mulher sobe e puxa a outra, em um círculo virtuoso que favorece todo o ecossistema. Para fazer isso acontecer, no entanto, é preciso estar bem, a partir da alma, e em sintonia com nossos pensamentos e valores de modo que possamos expressá-los livremente.

---

6   KRUSE, Kevin. Mulheres são mais eficazes que os homens na liderança, diz pesquisa. **Forbes**, 3 abr. 2023. Disponível em: https://forbes.com.br/forbes-mulher/2023/04/mulheres-sao-mais-eficazes-que-os-homens-na-lideranca-diz-pesquisa/. Acesso em: 10 set. 2023.

Introdução

MAS COMO ATINGIR ESSE ESTADO?

A virada de chave aconteceu logo após meu desligamento. Acostumada a estar disponível para todos, com um telefone que mais parecia uma central de emergência – afinal, eram mais de 4.500 pessoas entre parceiros, equipe, subordinados diretos e colaboradores –, tive que me habituar a um novo ritmo.

Foram apenas três ligações que recebi nas primeiras vinte e quatro horas sem crachá: do meu filho, que disse que queria falar comigo pois estava com saudades, da minha mãe e da funcionária que trabalhava na administração da minha casa.

No dia seguinte, agi como se ainda estivesse empregada: acordei, tomei banho, me vesti e liguei o computador para que pudesse me sentir produtiva. Ali, comecei a desenhar um plano para os próximos doze meses e planejar como seria a minha busca para iniciar uma jornada empreendedora. O plano ficou pronto em dez dias e a minha agenda já estava lotada de novo. Mas teve uma diferença...

Com a dor e a realidade batendo na minha cara, decidi cuidar de mim, do meu filho, da minha família e da minha recém-criada empresa. Naquele momento, dei início a um *reset* de vida e tomei uma série de decisões importantes:

- Estar PRESENTE na vida do meu filho.
- Fazer atividade física regular.
- Meditar.
- Conhecer novas pessoas e fazer novos amigos.
- Ler muito sobre autoconhecimento, alimentação e saúde física e mental.
- Buscar mentorias.
- Tomar sol por cinco minutos todos os dias.
- Jantar com meu filho diariamente.
- Dormir sete horas por noite, em vez das quatro com as quais estava acostumada.

Foi só naquele momento que me dei conta realmente da vida insana e contraditória que eu levava, porque, apesar das práticas abusivas que sofria, na maior parte do tempo eu queria estar ali, achava que os colegas de trabalho, o chefe e meu time eram como uma grande família. Pode parecer algo óbvio para você, mas para mim foi uma descoberta esclarecedora e bastante dolorida. Eu havia investido muito de mim naquele emprego e nos últimos vinte e cinco anos da minha carreira. Foi ali também que entendi que aceitar as imposições da cultura organizacional tradicional e simplesmente seguir o curso do rio pode fazer de nós um objeto substituível a qualquer momento.

Introdução

Só tive todas essas percepções após sair de cena, e apenas com a distância consegui entendê-las melhor. Fui tomando consciência do novo cenário em que estava inserida, abrindo espaço para a mudança, e as coisas foram acontecendo. A relação com meu filho melhorou, eu fiquei muito mais próxima da minha família e até um novo amor surgiu na minha vida, após quatro anos totalmente fechada para qualquer relacionamento.

Sair do piloto automático e desconstruir essa relação tão confusa – e, francamente, às vezes doentia – com o mundo corporativo foi a minha cura e a virada para outro nível da minha vida.

Utilizei o autoconhecimento e a autoconsciência para chegar a esse patamar. E são essas habilidades que o método BERT tem como foco para que você possa transformar sua vida profissional e alcançar os objetivos desejados, mantendo sua essência.

Baseado em quatro pilares – bem-estar, escolhas, ressignificação e transformação –, o método tem ajudado outras mulheres empreendedoras e executivas a construir uma carreira de sucesso e incentivado que elas conquistem o mundo junto com as mulheres que estão à sua volta.

Para uma jornada leve e consciente, no primeiro pilar utilizamos ferramentas que auxiliam na definição de metas para impactar na sua vida profissional, mantendo sempre sua essência.

No segundo pilar, você vai aprender a trabalhar sua autoconfiança e adquirir segurança e autonomia para tomar as melhores decisões e fazer escolhas conscientes que conduzam para um caminho mais leve e próspero.

O terceiro pilar promove uma reflexão para a desconstrução de comportamentos e crenças limitantes que impactam diretamente sua evolução profissional.

Por fim, no quarto pilar, uma nova fase se abrirá diante de seus olhos. Após percorrer todas as etapas, você estará apta a executar todos os passos do Mapa BERT e se sentirá segura para se apropriar dos resultados conquistados e seguir com prosperidade, compartilhando esse aprendizado com outras mulheres.

O verdadeiro sucesso profissional respeita a nossa essência e abre espaço para quem está ao nosso redor. É libertador quando conseguimos descobrir o nosso propósito de vida e ser protagonistas de nossas carreiras com equilíbrio e saúde. Quanto mais mulheres fizerem isso, maiores as possibilidades de outras chegarem lá. Juntas podemos voar ainda mais alto e vamos mais longe. Vamos começar agora?

Estar com as mulheres certas encurta caminhos e amplia o olhar à frente.

CAPÍTULO 1:

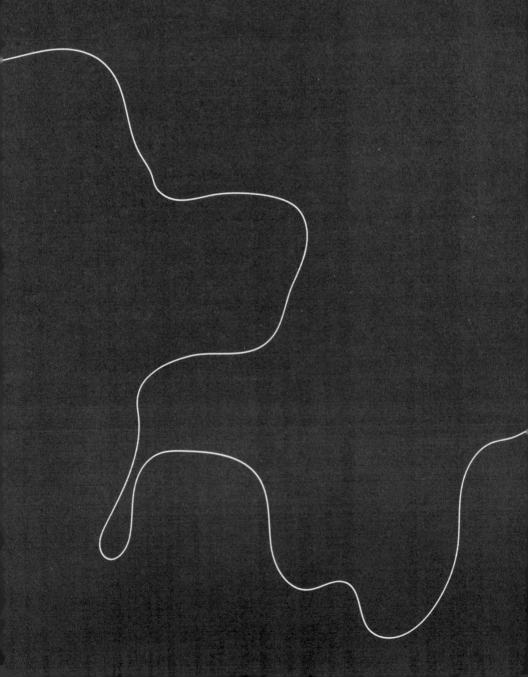

Dos obstáculos às conquistas

A o longo deste livro, é importante que você seja muito sincera nas reflexões propostas. Aqui está um primeiro exercício: Quando falo "líder", que imagem vem à sua cabeça?

Seja sincera: era um homem de terno, não era? De verdade, se você imaginou uma mulher – ou você mesma –, parabéns! Porém, a maioria de nós rapidamente associa o tema "chefe" e "autoridade" com a tradicional figura de um executivo branco de meia-idade. Mesmo sem nos darmos conta, nosso cérebro foi treinado a vida toda para conectar homens à liderança e mulheres a cuidado.

E não se trata de um pensamento seu, meu ou de algumas poucas pessoas. Essa percepção está por todas as partes, é uma questão social: nas referências que temos em casa, nas escolas, nas empresas,

MULHERES QUE LIDERAM JOGAM JUNTAS

nas mídias, nos livros, nos filmes e em muitos outros ambientes que reproduzem o modelo patriarcal dominante, vigente há tantos anos, segundo o qual a mulher tem um papel inferior e de total dependência e submissão ao homem.

Se pedirmos a uma máquina, no caso o Google, que pesquise por "liderança corporativa", veremos que muitos dos resultados trazem explicações que se referem a um líder homem. E, se usarmos recursos de inteligência artificial, como o chatGPT, para pesquisar imagens de um CEO, uma pessoa de negócios ou um fundador de startup, a ferramenta também apresentará representações de figuras masculinas. Esses resultados foram comprovados por uma pesquisa feita pela Universidade de Washington, que constatou que buscas por "CEO" no Google ainda demonstram viés de gênero.[7]

Você pode até dizer que algumas coisas mudaram, que as mulheres realizaram grandes conquistas, o que é verdade. Graças aos movimentos feministas, tivemos um progresso enorme no decorrer do século XX, e muitas mudanças ocorreram no mercado de trabalho, permitindo uma maior inserção da mulher profissionalmente,

---

7   SHIH, Munique. Resultados de buscas por "CEO" no Google ainda apresentam viés de gênero. **Canaltech**, 21 fev. 2022. Disponível em: https://canaltech.com.br/internet/resultados-de-buscas-por-ceo-no-google-ainda-apresentam-vies-de-genero-209689/. Acesso em: 10 set. 2023.

Dos obstáculos às conquistas

mas as desigualdades de gênero persistem e alguns hábitos e comportamentos seguem iguais a um passado remoto.

Ainda temos muito presente a "divisão sexual do trabalho", que associa os homens à esfera produtiva e ao trabalho remunerado, e as mulheres à esfera reprodutiva – ou seja, casar e cuidar do lar e da família. Há quem veja essa divisão como algo "natural", quando na verdade é determinado por aspectos sociais, culturais e políticos de cada época.

"O problema é que o mundo que nos cerca ainda é moldado e liderado principalmente por homens. A maioria de nós cresceu vendo nosso pai trabalhando mais e ganhando mais do que nossa mãe", diz a pesquisadora, escritora e premiada jornalista britânica Mary Ann Sieghart na introdução do livro *A lacuna de autoridade*,[8] best-seller no Reino Unido.

Mary Ann afirma que, na esfera privada ou na pública, vemos mais homens chegando ao topo e mais homens sendo citados como autoridades do que mulheres. Um dos exemplos que ela dá é o do cinema: "Assistimos a muitos filmes, quase todos dirigidos por homens, nos quais os homens são os protagonistas e as mulheres não passam de meras coadjuvantes ou objetos sexuais, com os homens tendo duas vezes mais falas".

---

8   SIEGHART, Mary Ann. **A lacuna de autoridade**: por que as mulheres não são levadas tão a sério quanto os homens e como mudar esse cenário. Tradução: Cristina Yamagami. São Paulo: Benvirá, 2022.

TESTE DE BECHDEL[9]

De maneira cômica, a cartunista Alison Bechdel publicou em 1985 uma tirinha ironizando os filmes hollywoodianos que só continham mulheres como objeto sexual. O que ela não imaginava era que sua provocação se tornaria um teste que visa qualificar se uma narrativa contém, de fato, uma presença feminina significativa e de valor.

No teste, ela pergunta:

1. *Tem ao menos duas personagens mulheres?*
2. *Elas conversam entre si em alguma situação?*
3. *O assunto é algo que não seja homens?*

Por mais que seja voltado para o universo cinematográfico, esse teste pode ser aplicado em outras realidades, inclusive na corporativa, quando imaginamos, por exemplo, quantas mulheres com um papel de liderança existem na companhia e qual é a relação entre o trabalho delas.

---

9   THEBAS, Isabella. O que é o Teste de Bechdel? **Instituto de Cinema**, [*s. d.*]. Disponível em: https://institutodecinema.com.br/mais/conteudo/o-que-e-o-teste-de-bechdel. Acesso em: 10 set. 2023.

Graças aos movimentos feministas, tivemos um progresso enorme no decorrer do século XX, e muitas mudanças ocorreram no mercado de trabalho.

MULHERES QUE LIDERAM JOGAM JUNTAS

A pesquisadora britânica entrevistou cerca de 50 mulheres das mais poderosas, bem-sucedidas e respeitadas do mundo para saber se elas tinham vivenciado experiências que confirmavam a falta de autoridade feminina. E é claro que ela confirmou tal suspeita.

Mary Ann conta o caso de Anne Mulcahy, ex-presidente e CEO da Xerox Corporation, que conseguiu tirar a empresa da falência e foi considerada uma das mulheres mais poderosas do mundo em 2005 pela revista *Fortune*. Mesmo assim, ela contou que, sempre que entrava em um novo conselho de administração ou quando assumia um novo cargo, a postura das pessoas era de desconfiança quanto à sua capacidade, algo como "vamos esperar para ver". "As pessoas não presumem automaticamente que eu cheguei aonde estou por merecimento", disse Anne à escritora.

Segundo Mary Ann, os homens estão em posição de vantagem e se ajudam a subir na vida, "de modo que não é surpresa que tenhamos internalizado a noção de que as mulheres devem de alguma forma ser inferiores e merecem menos respeito".

Para a psicoterapeuta e mitologista norte-americana Maureen Murdock, muitas mulheres ainda internalizam a voz patriarcal que lhes diz que elas têm menos valor. "Assim, meninas se sentem invisíveis, inferiores, desde a infância, por terem sido designadas como mulheres ao nascer, sendo desestimuladas a desenvolver seu pleno

Dos obstáculos às conquistas

potencial", escreveu ela no prefácio da versão brasileira, de 2020, do livro *A jornada da heroína*.[10]

Publicada em diversos países, a obra se tornou referência na busca pelo autoconhecimento e pela transformação e descreve as etapas que a mulher percorre para resgatar sua natureza feminina e se realizar pessoal e profissionalmente em uma sociedade inteiramente definida a partir de valores masculinos.[11]

São valores pautados em uma visão androcêntrica, que define os homens e a experiência masculina como a norma, e as experiências femininas como desvio da norma. E essa mesma "lente" androcêntrica se estende ao universo da liderança, impondo inúmeras barreiras às mulheres que querem seguir esse caminho, explicou a psicóloga norte-americana Sandra Lipsitz Bem no livro *The Lenses of Gender* [As lentes do gênero].[12]

Os números comprovam a sub-representação da mulher no cenário corporativo. No Brasil, por exemplo, as mulheres representam

---

10 MURDOCK, Maureen. **A jornada da heroína**: a busca da mulher para se reconectar com o feminino. Tradução: Sandra Trabucco Valenzuela. Rio de Janeiro: Sextante, 2022.

11 A obra *A jornada da heroína* dialoga com o livro *A jornada do herói*, de Joseph Campbell, que mapeou os pontos em comum de diferentes histórias de sucesso para modelar uma estrutura que pode ser replicada, tornando-se, assim, ambas as publicações, uma referência para romancistas, roteiristas e outros profissionais que se dedicam à arte de contar histórias. (N. E.)

12 BEM, Sandra Lipsitz. **The Lenses of Gender**: Transforming the Debate on Sexual Inequality. New Haven, CT: Yale University Press, 1994.

mais da metade da população, mas são sub-representadas no cenário corporativo.

- A população brasileira é composta de: 51,1% de mulheres × 48,9% de homens
- Pessoas com nível superior: 30% de mulheres × 24% de homens
- Cargos de liderança: 39% de mulheres × 61% de homens
- Salários para cargos iguais: Homens chegam a ganhar até 52% mais[13]

O preconceito e os obstáculos impostos às mulheres fazem com que a maior parte delas ocupe cargos de apoio e suporte. Para ter uma ideia, de acordo com o levantamento da Catho, 66% dos cargos de assistente/auxiliar são ocupados por mulheres, que recebem salários 8% menores que os dos homens. Entre a função de analista, elas também são maioria (53%), mas ganham 14% menos.

No contexto mundial, o ranking da revista de negócios americana *Fortune* revelou que, entre as 500 maiores empresas dos Estados

---

13 CATHO. A presença feminina tem salários mais baixos do que dos homens. **Catho Online**, 12 maio 2023. Disponível em: https://www.catho.com.br/carreira-sucesso/a-presenca-feminina-tem-salarios-mais-baixos-do-que-dos-homens/. Acesso em: 10 set. 2023.

Dos obstáculos às conquistas

Unidos, somente 8,8% são comandadas por mulheres. Embora baixo, o número representou um recorde histórico com 44 das executivas na direção das organizações.

Portanto, se você enfrenta desafios na liderança, tenha em mente que não se trata de algo pessoal ou uma incapacidade sua, muito pelo contrário. A falta de representação feminina no mercado de trabalho é um problema sistêmico, ancorado em barreiras estruturais que resistem ao tempo e dificultam muito a nossa vida e o alcance de nossos objetivos profissionais.

E isso se torna ainda mais difícil se pensarmos nas mulheres afetadas por questões socioeconômicas, que têm menos recursos e oportunidades de formação e aprimoramento e recebem remunerações ainda mais baixas, prejudicando o desenvolvimento de seu potencial.

Ainda que estejamos vendo um movimento de desconstrução do machismo, há muitos entraves para alcançarmos uma posição estratégica. A cultura organizacional, que não leva em conta a dinâmica de gênero, só favorece o preconceito e a dificuldade de ascensão feminina na carreira.

LINHA DO TEMPO – CONQUISTAS DO FEMINISMO NO BRASIL[14]

Confira marcos importantes na garantia dos direitos das mulheres ao longo da história brasileira.

1827 – Meninas são liberadas para ir à escola

A Lei Geral autorizou mulheres a ingressar nos colégios e seguir com os estudos além da escola primária.

1832 – Publicação da obra *Direitos das mulheres e injustiças dos homens*

A autora Nísia Floresta publicou em pleno século XIX um livro que é considerado pioneiro do feminismo brasileiro por reforçar que a mulher é tão capaz quanto o homem de assumir cargos de liderança ou desempenhar quaisquer atividades na sociedade.

1879 – Direito ao acesso às faculdades

Em 1879, as portas das universidades foram abertas à presença feminina.

1910 – Criação do primeiro partido político feminino

A criação do Partido Republicano Feminino representou uma ferramenta de defesa do direito ao voto e à emancipação das

---

14   NOSSA CAUSA. Conquistas do feminismo no Brasil: uma linha do tempo. **Nossa Causa**, 9 mar. 2020. Disponível em: https://nossacausa.com/conquistas-do-feminismo-no-brasil/. Acesso em: 10 set. 2023.

mulheres na sociedade – isso vinte anos após a Proclamação da República no Brasil.

1932 – Direito ao voto

Em 1932, o sufrágio feminino foi garantido pelo primeiro Código Eleitoral brasileiro. As mulheres pleiteavam o direito ao voto desde a Constituinte de 1891.

1962 – Criação do Estatuto da Mulher Casada

Com a lei, mulheres casadas não precisavam mais da autorização do marido para trabalhar e passaram a ter direito à herança e à chance de pedir a guarda dos filhos em casos de separação. No mesmo ano, a pílula anticoncepcional chegou ao Brasil, o que deu autonomia à mulher e iniciou uma discussão importante sobre os direitos reprodutivos e a liberdade sexual feminina.

1974 – Direito a ter um cartão de crédito

A Lei de Igualdade de Oportunidade de Crédito permitiu a mulheres solteiras ou divorciadas que solicitassem um cartão de crédito ou empréstimo sem ter de levar um homem para assinar o contrato.

1977 – Aprovada a Lei do Divórcio

A norma tornou o divórcio uma opção legal no Brasil. Porém, muitas mulheres que desejavam se separar seguiam casadas para não ficar malvistas pela sociedade.

1983 – Direito à prática do futebol

Entre 1941 e 1983, um Decreto da Era Vargas proibiu as mulheres de praticar esportes incompatíveis com as "condições de sua natureza feminina". Em 1983, o futebol feminino foi regulamentado graças à luta de jogadoras e à relevância econômica internacional do tema.

1985 – É criada a primeira Delegacia da Mulher

A primeira Delegacia Especializada no Atendimento à Mulher (DEAM) teve sede em São Paulo, e, logo depois, outras unidades foram implantadas em outros estados. Essas delegacias promovem ações de proteção e investigação dos crimes de violência doméstica e violência sexual contra as mulheres.

1988 – A Constituição Brasileira passa a reconhecer as mulheres como iguais aos homens

"Homens e mulheres são iguais em direitos e obrigações", estabelece o artigo 5º da Constituição Federal, de 1988. Essa foi uma das maiores conquistas das mulheres brasileiras, ao estabelecer plena igualdade jurídica entre homens e mulheres no Brasil.

2002 – "Falta da virgindade" deixa de ser motivo para anular o casamento

Foi somente em 2002, em pleno século XXI, que o Código Civil brasileiro extinguiu o artigo que permitia que um homem anulasse seu casamento se descobrisse que a esposa não era virgem.

2006 – Lei Maria da Penha

Em 1983, a farmacêutica Maria da Penha, que hoje coordena um instituto com seu nome, foi vítima de duas tentativas de homicídio e lutou por quase vinte anos para conseguir que seu ex-marido fosse preso. A lei n. 11.340 foi sancionada para combater a violência contra a mulher.

2015 – Lei do Feminicídio

A Constituição Federal reconheceu a partir da criação dessa lei o feminicídio – assassinatos de mulheres cometidos em razão do gênero – como um crime de homicídio qualificado.

2018 – Importunação sexual feminina passou a ser considerada crime

A chamada Lei da Importunação Sexual passou a caracterizar o assédio como crime, o que só se tornou necessário devido à frequência com que, infelizmente, ocorre essa violência contra as mulheres.

2021 – É criada lei para prevenir, reprimir e combater a violência política contra a mulher

A lei estabelece normas para prevenir, reprimir e combater a violência política – que impede ou restringe os direitos políticos

– contra a mulher ao longo das eleições e durante o exercício de direitos políticos e de funções públicas.

2023 – Lei da igualdade salarial

Está em vigor, desde o dia 4 de julho de 2023, a lei n. 14.611, que garante a igualdade de salário e de critérios de remuneração entre trabalhadoras e trabalhadores.

O preconceito e os obstáculos impostos às mulheres fazem com que a maior parte delas ocupe cargos de apoio e suporte.

CAPÍTULO 2:

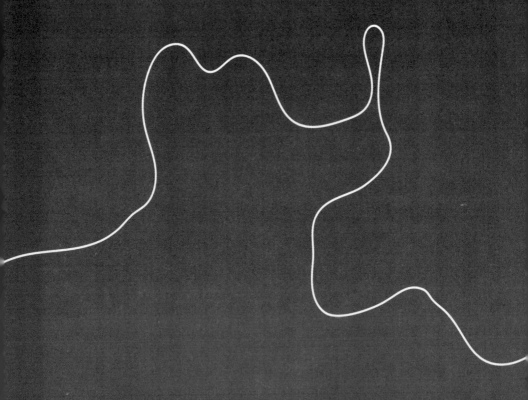

Já parou para refletir sobre sua rotina e o tanto de coisas que você tem de abrir mão para dar conta da sua vida? Você, que deixa o filho o dia inteiro na escola e não consegue buscá-lo, nem acompanhar as reuniões de pais, médicos e atividades extracurriculares da criança, delegando a profissionais ou familiares; você, que chega cedo ao trabalho e é uma das últimas a sair e faz de tudo para não deixar de cumprir nenhuma das tarefas e metas previstas; você, que é pressionada pelo seu companheiro por não ter tempo para um jantar a dois, um cineminha ou mesmo uma viagem tranquila no fim de semana; você, que está se sentindo desmotivada e cansada de equilibrar tantos pratos juntos... saiba que não está sozinha e certamente vai se identificar com algumas histórias reais que vou contar aqui.

MULHERES QUE LIDERAM JOGAM JUNTAS

O DESAFIO DE TRABALHAR
SEM APOIO DA LIDERANÇA

Aos 35 anos, Sandra* estava a todo vapor em sua carreira e almejava um cargo de alta liderança. Ela trabalhava em uma grande multinacional como gerente de equipe. Para pleitear uma promoção como diretora de uma área recém-criada, começou a fazer uma pós-graduação nos fins de semana, pois não tinha outro tempo livre. Com isso, não tinha ânimo para o lazer.

Sandra também decidiu que não teria filhos. Além de estar desiludida com a postura dos homens nos relacionamentos, sentia uma necessidade constante em investir em qualificação profissional e achava que a maternidade lhe tiraria o foco.

Porém, mesmo com sua dedicação aos estudos e de ter emplacado um projeto matador que resolvia um problema da empresa, ela não foi a escolhida para a diretoria da nova área — a promoção foi para um colega menos qualificado e com menos tempo de empresa, mas que rapidamente cresceu.

Desmotivada, inscreveu-se em um programa de intercâmbio da multinacional, a contragosto do seu atual diretor. Afinal, passaria seis meses na Europa e sua vaga no Brasil seria mantida, pois era um programa da própria empresa para motivar os colaboradores a ter experiências

---

* Todos os nomes foram trocados para preservar a identidade das entrevistadas.

Estamos exaustas!

multiculturais. Seu chefe lhe disse: "Vá, mas esta será sua gravidez".
O que ele queria dizer com isso é que ela não poderia se permitir mais
um "afastamento" remunerado como aquele.

Já na Europa, foi bem-sucedida em um projeto com grande visibili-
dade e se sentiu acolhida pelos colegas estrangeiros, o que reforçou sua
desmotivação em voltar para o Brasil, onde se depararia com um chefe
pouco aberto ao diálogo.

Quando Sandra retornou à filial brasileira, jogaram sobre sua cabeça
tudo o que não puderam tocar durante sua ausência. Ela foi desafiada
por seu diretor a assumir um projeto superpuxado e recebia críticas dele
a todo momento.

Até que, em um namoro recém-começado, engravidou sem planejar.
Entrou em pânico quando pensou em dar a notícia na empresa. Tinha
certeza de que seria rechaçada — afinal, sua "gravidez" havia sido a tal
viagem de intercâmbio. Esperou três meses para dar a notícia e recebeu
um sorriso amarelo do seu superior direto.

Foi levando o trabalho literalmente "com a barriga" até o bebê nas-
cer. Depois da licença-maternidade de seis meses, terceirizou os cuidados
com o filho por mais de dez horas por dia, tempo que levava para ir ao
trabalho, trabalhar e voltar. Então entrou em crise de ansiedade por estar
longe do filho o dia inteiro, com o marido reclamando de sua ausência,
sentindo-se cada vez menos competente em todos os seus papéis.

Repito a última frase do relato acima: "sentindo-se cada vez menos competente em todos os seus papéis". Você também se sente assim?

Convido você para avaliar algumas frases relacionadas à atuação feminina no ambiente de trabalho e pensar quantas delas são válidas para sua realidade.

- ☐ Costumo me submeter aos comandos de chefes e colegas sem questionar.
- ☐ Estou sempre esperando possíveis críticas a respeito do meu trabalho.
- ☐ Estou sempre competindo por atenção e espaço com os colegas, sejam homens ou mulheres.
- ☐ Sinto-me desmotivada por experiências que julgo "malsucedidas" no trabalho.
- ☐ Estou sobrecarregada de tarefas e me sinto exausta.
- ☐ Produzo menos do que produzia quando fui contratada.
- ☐ Penso constantemente em pedir demissão e começar algo novo, mas não tenho coragem porque acho que não conseguirei uma nova oportunidade.

"Sentindo-se cada vez
menos competente
em todos os seus papéis".
Você também se sente assim?

Se também se acha incapacitada, mesmo esforçando-se ao máximo para ser boa em tudo, você pode estar sofrendo de autossabotagem – ou o que é chamado de síndrome da impostora. A síndrome se caracteriza por pensamentos que reforçam a perda de confiança em si mesma e a sensação frequente de não ser capaz de executar uma função ou de que o sucesso atingido não foi merecido. Esse é um sentimento que afeta principalmente as mulheres, pelo acúmulo de responsabilidades na vida profissional e pessoal que levam a rotinas puxadas, alta cobrança e busca por uma suposta perfeição.

No geral, as mulheres que trabalham fora assumem também a maior parte das tarefas domésticas, mas ter de cuidar dos filhos não é bem-visto entre colegas e chefes homens – que tendem a crer que a mulher que faz isso não se dedica tanto quanto deveria ao trabalho e não tem ambição profissional. Para provar que eles estão errados, as mulheres se doam ainda mais, aumentando a sobrecarga e as demandas, o que dificulta que sejam cumpridas, dando vazão ao sentimento de não estar "dando conta do recado", em uma bola de neve sem fim.

Não é de hoje que as mulheres sofrem com a síndrome da impostora. As pesquisas sobre o assunto começaram em 1978 e foram conduzidas pelas psicólogas estadunidenses Pauline

Estamos exaustas!

Clance e Suzanne Imes, da Universidade Estadual da Geórgia (EUA). Elas investigaram 150 mulheres em posição de destaque profissional que, quanto mais respeitadas e bem-sucedidas, mais se sentiam inseguras e acreditavam ser uma fraude.[15]

"A síndrome da impostora pode resultar de uma variedade de fatores, incluindo experiências pessoais, familiares e sociais, estereótipos e rótulos, cultura corporativa e dinâmica da força de trabalho. Para mulheres com alto desempenho no local de trabalho, a pressão e as percepções que surgem por serem 'a única' ou 'a primeira' mulher em seu papel também podem causar esses sentimentos" – aponta a pesquisa *Acelerando o futuro das mulheres nos negócios*, da KPMG,[16] feita em 2020 com mulheres de alto desempenho e potencial. O estudo trouxe dados que merecem destaque.

---

15 CLANCE, P. R.; IMES, S. A. The Imposter Phenomenon in High Achieving Women: Dynamics and Therapeutic Intervention. **Psychotherapy: Theory, Research & Practice**, v. 15, n. 3, p. 241-247, 1978. DOI 10.1037/h0086006. Disponível em: https://psycnet.apa.org/record/1979-26502-001. Acesso em: 10 set. 2023.

16 KPMG INTERNATIONAL. **Acelerando o futuro das mulheres nos negócios**: The 2020 KPMG Women's Leadership Summit Report. KPMG International, out. 2020. Disponível em: https://assets.kpmg.com/content/dam/kpmg/br/pdf/2021/03/Sindrome-da-Impostora.pdf. Acesso em: 10 set. 2023.

> **Entre as 700 líderes mulheres entrevistadas:**
>
> - *85% acreditam que a síndrome é comumente vivenciada por mulheres nas corporações americanas;*
> - *81% disseram acreditar que colocam mais pressão sobre si mesmas para não fracassar do que os homens;*
> - *75% relataram ter experimentado a síndrome;*
> - *56% temem que os demais não acreditem na sua capacidade;*
> - *47% relataram sofrer pelo fato de não esperar o nível de sucesso que alcançaram;*
> - *47% afirmaram que ter o apoio da liderança é o principal fator para ajudar a reduzir os sentimentos da síndrome no local de trabalho.*

Vale notar que o termo "impostor" é relacionado a pessoas trapaceiras. E, no caso de uma líder executiva, é como se ela estivesse burlando as regras estabelecidas em busca de vantagens. Essa sensação de desajuste é resultado de diversas situações em que a mulher não teve espaço para se colocar – ou, quando teve, sua opinião não foi levada em conta. Assim, ela tende a duvidar da sua experiência e acha que precisa de mais conhecimento para expressar suas opiniões.

Estamos exaustas!

Para evitar que questionem sua autoridade e se sentir mais segura, a mulher busca se aperfeiçoar, procurando cursos, especializações e pós-graduações. Há cerca de 15% mais mulheres do que homens em mestrados e doutorados. Porém, mesmo sendo mais escolarizadas, recebem salários que representam cerca de três quartos do que eles ganham.[17]

A CAMISA DA EMPRESA OU O PIJAMA: O QUE VESTIR?

Além do investimento nos estudos, há um maior comprometimento com o trabalho. Em uma pesquisa da consultoria de RH EDC Group[18] com 365 profissionais, 68% das mulheres afirmaram "vestir a camisa da empresa". Já entre os homens, 64% estão dispostos a tal. Além disso, 61% delas se disseram mais abertas a aceitar trabalhos de última hora contra 55% deles.

---

17 ESTATÍSTICAS de gênero: responsabilidade por afazeres afeta inserção das mulheres no mercado de trabalho. **Agência IBGE Notícias**, 7 mar. 2018. Disponível em: https://agenciadenoticias.ibge.gov.br/agencia-sala-de-imprensa/2013-agencia-de-noticias/releases/20232-estatisticas-de-genero-responsabilidade-por-afazeres-afeta-insercao-das-mulheres-no-mercado-de-trabalho. Acesso em: 10 set. 2023.

18 LIMA, Luciana. À beira do burnout: mulheres se sentem mais sobrecarregadas com o excesso de trabalho. **Exame**, 30 mar. 2023. Disponível em: https://exame.com/carreira/burnout-mulheres-sobrecarregadas-trabalho/. Acesso em: 10 set. 2023.

A jornalista brasileira Izabella Camargo já foi do time das que fazia de tudo pela empresa na qual trabalhava, a Rede Globo. Mesmo assim, acabou sendo demitida. Ela foi diagnosticada com burnout após sofrer um apagão "ao vivo" enquanto apresentava a previsão de tempo em um telejornal da emissora em 2018. Ao retornar da licença médica, veio o desligamento. Izabella relatou sentir dor de cabeça, bruxismo, problemas no estômago e de circulação, taquicardia e falta de ar, tendo também comportamentos agressivos e pensamentos suicidas.

A emissora moveu um processo contra a jornalista por ela ter dito que a rotina de trabalho disparou sua crise.[19] "Você é tão comprometida com seu trabalho que acaba se negligenciando. Eu aprendi que você pode vestir a camisa da empresa, mas também pode e deve vestir o pijama."[20] Hoje, ela prega o conceito de produtividade sustentável, que é a busca por equilibrar a vida, evitando que o trabalho cause danos à saúde e aos relacionamentos, e dá palestras sobre saúde mental e longevidade.

---

19 VAQUER, Gabriel. Izabella Camargo vence guerra e se livra de multa de R$ 500 mil por reclamar da Globo. **Notícias da TV**, 29 mar. 2023. Disponível em: https://noticiasdatv. uol.com.br/noticia/televisao/izabella-camargo-vence-guerra-e-se-livra-de-multa-de- -r-500-mil-por-reclamar-da-globo-99901. Acesso em: 10 set. 2023.

20 JORNALISTA Izabella Camargo conta como foi diagnosticada com burnout: "Não lembrava quem eu era". **Uol**, 17 fev. 2022. Disponível em: https://cultura.uol.com.br/ noticias/46559_jornalista-izabella-camargo-conta-como-recebeu-diagnosticada-de- burnout-nao-lembrava-quem-eu-era.html. Acesso em: 10 set. 2023.

Estamos exaustas!

Acesse o QR Code para assistir a um vídeo em que Izabella conta um pouco sobre sua trajetória:

No cenário internacional, a atriz norte-americana Sandra Bullock também entrou para a lista de celebridades que admitiram estar *"burned out"*. Em entrevista ao veículo estadunidense *The Hollywood Reporter*, ela revelou: "Estou muito cansada e completamente incapaz de tomar decisões saudáveis e sábias, e tenho consciência disso".[21]

O termo "burnout" pode ser traduzido como "queimar-se por completo" e se refere a um distúrbio emocional com sintomas de exaustão extrema, estresse e esgotamento físico resultantes de situações de trabalho desgastantes que demandam muita competitividade ou responsabilidade. A principal causa da doença é justamente o excesso de trabalho e a pressão por resultados. Mas mulheres dedicadas aos cuidados com a casa e os filhos também enfrentam um estado de exaustão física e mental.

---

21 MCCLINTOCK, Pamela. Sandra Bullock on 'The Lost City' Crossing $100M and Why She Turned It Down (At First). **The Hollywood Reporter**, 16 jun. 2022. Disponível em: https://www.hollywoodreporter.com/movies/movie-news/sandra-bullock-the-lost-city-1235166844/. Acesso em: 10 set. 2023.

Eu não cheguei a sofrer um apagão, mas tive um burnout pesado no meu último ano de trabalho e aceitei fazer um tratamento com medicação apenas porque os remédios me mantinham ativa. Mas não aceitava o quadro e mesmo doente não parei de trabalhar uma hora sequer. Não contei sobre o distúrbio para ninguém da empresa por medo de ficar estigmatizada. Não queria que as pessoas vissem minha condição como uma fraqueza e a enxergassem antes de minha atuação profissional. E meu receio não era infundado: sei que a empresa não vê com bons olhos esse tipo de situação.

Segundo dados do Instituto Brasileiro de Geografia e Estatística (IBGE) de 2018, mulheres dedicam 73% mais horas do que os homens em tarefas domésticas e cuidados de pessoas. E, para conciliar todas as funções, algumas reduzem o trabalho fora de casa: 28,2% das mulheres têm empregos de até 30 horas semanais (contra 14,1% dos homens).[22] Essa, porém, não é uma realidade comum entre lideranças executivas. No geral, trabalhamos muito mais horas do que o padrão.

---

22 ESTATÍSTICAS de gênero: responsabilidade por afazeres afeta inserção das mulheres no mercado de trabalho. **Agência IBGE Notícias**, 7 mar. 2018. Disponível em: https://agenciadenoticias.ibge.gov.br/agencia-sala-de-imprensa/2013-agencia-de-noticias/releases/20232-estatisticas-de-genero-responsabilidade-por--afazeres-afeta-insercao-das-mulheres-no-mercado-de-trabalho. Acesso em: 10 set. 2023.

"*Eu aprendi que você pode vestir a camisa da empresa, mas também pode e deve vestir o pijama.*"

MULHERES QUE LIDERAM JOGAM JUNTAS

Digo isso no lugar de fala de uma mulher que acordava às 5 da manhã e fechava o computador às 23 horas. Minha rotina sempre foi muito pesada. Usava inclusive o horário do almoço para estar com clientes, parceiros e fornecedores, com o objetivo de fazer negócios ou networking pela empresa. Nos fins de semana, eu não parava de trabalhar – atendia a todas as ligações e aproveitava para colocar em ordem e-mails e apresentações. E sempre viajei muito: como sou de Ribeirão Preto (SP), vivia na ponte aérea para São Paulo, onde passava a semana inteira. Saía de casa na segunda-feira, às 6 horas, no primeiro voo para a capital paulista, e voltava para o interior na sexta-feira, às 22 horas, no último. Não fazia atividade física de modo regular, não cuidava da alimentação e nunca conseguia estar presente nas reuniões escolares e eventos sociais do meu filho, que seguiu vivendo em Ribeirão.

Setores como financeiro, consultoria, tecnologia e os ambientes de startups são alguns dos mais conhecidos pelas longas jornadas para mulheres em altos cargos de gestão. Mas isso não quer dizer que as de outras áreas trabalhem pouco. Existem alguns segmentos de empresas estigmatizados como sendo mais direcionados a lideranças femininas, embora isso nada tenha a ver com competências de um ou outro gênero.

Estamos exaustas!

O Relatório Global de Desigualdade de Gênero de 2022[23] apontou que mulheres ocupam quase a metade das posições de liderança em ONGs e associações (47%), educação (46%) e serviços pessoais e de bem-estar (45%). Entre os setores em que as mulheres são minoria estão tecnologia (24%), energia (20%) e infraestrutura (16%).

Seja qual for o tipo de empresa, mulheres que encaram conquistar novos espaços e assumir mais responsabilidades profissionais precisam dar o sangue pelo trabalho. Com isso, terceirizam o cuidado com a casa e os filhos – muitas vezes, delegam essa função para outras mães que, assim como elas, deixam seus pequenos com outras pessoas –, o que costuma trazer um sentimento de culpa, especialmente por não conseguirem acompanhar de perto a evolução dos filhos. E a conta não fecha, porque uma mulher vai puxando a outra para a mesma situação precária de terceirização dos cuidados.

Quando tentamos abraçar o mundo, algum prato inevitavelmente cai. A situação é tão comum que já virou até motivo de filme. Na maratona diária de Kate, personagem da atriz Sarah Jessica

---

23 WORLD ECONOMIC FORUM. **Global Gender Gap Report**. Geneva: World Economic Forum, 2022. Disponível em: https://www.weforum.org/reports/global-gender-gap-report-2022/digest. Acesso em: 10 set. 2023.

Parker no longa *Não sei como ela consegue*,[24] ela delega o cuidado com os filhos para o marido. "Um homem deixa o escritório para ficar com o filho e é visto como abnegado, o modelo paterno perfeito. Uma mulher deixa o escritório para ficar com o filho que está acamado e é vista como irresponsável, desorganizada e alguém que não tem compromisso suficiente" – diz a melhor amiga de Kate na história, reforçando a visão enviesada que favorece os homens e rebaixa as mulheres. A situação acaba se complicando quando a personagem principal começa a viajar com frequência para vender um projeto em outra cidade. A família lhe cobra prioridade, e ela tenta dosar melhor o tempo entre trabalho e casa, mas segue na luta como "equilibrista".

Conquistamos um papel de independência na sociedade, só que não definimos limites – nem em relação a nós mesmas, nem com os nossos parceiros. Fomos acumulando cada vez mais funções, sem delegar algumas delas à equipe de trabalho e ao companheiro, em casa. Assim, criamos a bolha de Mulher-Maravilha, como se tivéssemos superpoderes para dar conta de tudo. Falamos de vulnerabilidade, mas não temos coragem de demonstrá-la porque a sociedade não está preparada para entender que a mulher (assim

---

24 NÃO sei como ela consegue. Direção: Douglas McGrath. Produção: Donna Gigliotti. New York: The Weinstein Company, 2011.

Estamos exaustas!

como o homem) tem suas forças e fraquezas. O problema é que a vulnerabilidade não é bem-vista nas corporações.

"MULHER QUE CHORA NÃO TEM INTELIGÊNCIA EMOCIONAL." SERÁ?

Certa vez, negociando no comitê executivo a promoção de colaboradores da empresa, pleiteei a promoção de uma funcionária, mas a diretora de RH foi contra, porque disse que a viu chorando: "Uma mulher que chora no banheiro do trabalho não demonstra ter inteligência emocional", ela afirmou. Todos concordaram com ela e, apesar do meu esforço, não consegui a promoção.

Eu também já passei por algo parecido. Em outra empresa em que trabalhei, no auge do estresse e da emoção, chorei na frente de uma diretora de RH que me acolheu, mas depois, no dia a dia, isso sempre vinha à tona como algo ruim. Nem todo departamento de RH está preparado para ajudar as pessoas que porventura estejam passando por um momento difícil.

Pressões sociais como essas, combinadas com salários mais baixos, tripla jornada – trabalho, casa e estudos – e mais uma pitada de assédio moral ou sexual e está feita a "receita" que pode levar as mulheres a problemas de saúde ainda mais crônicos e difíceis de tratar do que as referidas síndromes da impostora e de burnout. A depressão, por exemplo.

O burnout ocorre predominantemente em áreas relacionadas ao trabalho, enquanto a depressão afeta todas as áreas da vida do indivíduo.[25] Por conta da depressão e ansiedade, estima-se que 12 bilhões de dias de trabalho são perdidos anualmente no mundo.

Isso gera um custo de quase 1 trilhão de dólares à economia global.[26] É um problema, portanto, que afeta a sociedade como um todo.

Até quando vamos continuar achando que se sentir cansada é para as fracas e que depressão é uma "frescura", atropelando os sinais do nosso corpo como resposta ao que se passa em nosso estado emocional? Temos dezenas de ferramentas para lidar com o estresse, mas só recorremos a elas quando já é tarde demais, quando já estamos deprimidas por nos acharmos incapazes de dar conta de tudo.

---

25 SAÚDE mental no trabalho: tudo o que sua empresa precisa saber para apoiar colaboradores nessa jornada. **Amcham Connect**, [s. d.]. Disponível em: https://www.amcham.com.br/connect/conteudo/publicacoes/saude-mental-no-trabalho-tudo-o-que-sua-empresa-precisa-saber-para-apoiar-colaboradores-nessa-jornada/saude-mental-no-trabalho. Acesso em: 10 set. 2023.

26 OMS e OIT pedem novas medidas para enfrentar os problemas de saúde mental no trabalho. **Organização Internacional do Trabalho**, Brasília, 28 set. 2022. Disponível em: https://www.ilo.org/brasilia/noticias/WCMS_857127/lang--pt/index.htm. Acesso em: 10 set. 2023.

Estamos exaustas!

QUANDO A MENTE ENTRA EM UM ESTADO DE ALERTA CONSTANTE

Rosana era diretora de marketing em uma multinacional de telecomunicação. Todos os anos, liderava uma mesma campanha que tinha como meta atrair inscritos para participar de um evento on-line mundial sobre tecnologia. Era 2021, segundo ano da pandemia de covid-19, e tudo parecia contribuir para que diversos profissionais se sentissem interessados pelo tema, já que só se falava em trabalho remoto e no papel da tecnologia para aproximar as pessoas. Porém, naquele ano, aconteceu o contrário – próximo ao evento, as inscrições não chegavam nem a 40% do número projetado.

O tempo corria, e Rosana estava sendo pressionada a propor soluções para alcançar a meta. Ela defendeu para o board da empresa que as pessoas estavam exaustas de encontros on-line, já que passaram a pandemia inteira em experiências – profissionais e sociais – mediadas por telas. Mas seus superiores pediam uma solução porque também estavam sendo pressionados pelos líderes globais da empresa.

Rosana sentia-se exausta, não conseguia mais pensar. No ápice do estresse, começou a ter crises de choro quando se deparava com situações que, em outro tempo, trataria com tranquilidade. Até que, em uma dessas crises, deu-se conta de que algo estava errado. Conversando com sua médica, percebeu que poderia estar à beira de uma depressão. Procurou um psiquiatra e um psicólogo, entendeu que sua mente estava atuando em constante estado de alerta e que precisava de ajuda.

A depressão pode ser o desdobramento mais comum desse processo de se sentir incapaz e que afeta sua saúde em particular. Mas existem outras consequências que não são notadas especificamente no corpo. O desgaste emocional no ambiente profissional pode trazer complicações nas relações familiares.

Passamos oito horas ou mais no trabalho, um tempo precioso do nosso dia, e não dá para separar a vida profissional da pessoal. Nossa vida é uma só, é tudo o que experimentamos dia e noite. Ou seja, não há como guardar os problemas atrás da porta do escritório e chegar feliz em casa. Acabamos descontando em cima de quem nos é mais íntimo, especialmente nos filhos e companheiros. Resultado: as crianças sofrem e manifestam sua insegurança das mais diversas formas e nossos relacionamentos amorosos vão por água abaixo.

Em um nível ainda mais macro, à medida que nos submetemos ao sistema constituído, perpetuamos as desigualdades e moldamos a sociedade como um todo. E aí é o momento de parar e pensar: será que não dá para construir uma carreira de maneira mais saudável para nós mesmas e para todos os que nos cercam?

É o que veremos ao longo deste livro.

O desgaste emocional no ambiente profissional pode trazer complicações nas relações familiares.

CAPÍTULO 3:

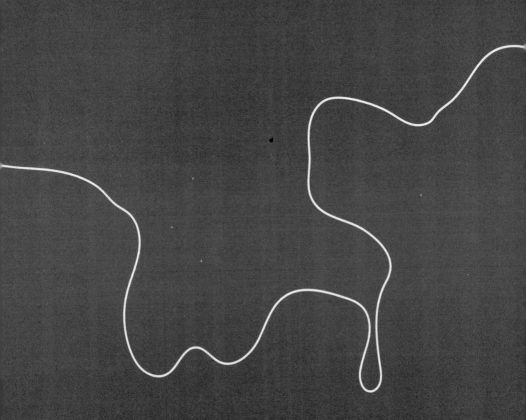

Por uma diversidade real

Será que você já foi afetada em alguma esfera simplesmente por ser mulher? Marque as situações que já ocorreram com você.

- [ ] Foi xingada no trânsito.
- [ ] Sentiu-se ameaçada em algum local simplesmente por ser mulher.
- [ ] Teve medo de andar sozinha na rua.
- [ ] Teve uma ideia ridicularizada de maneira que a fez se sentir menos inteligente.
- [ ] Sentiu-se inferior aos colegas homens.
- [ ] Culpou-se por ter priorizado os filhos em vez da demanda corporativa.

- ☐ Deixou de se expressar de maneira mais feminina por medo de ser interpretada erroneamente,
- ☐ Sentiu-se mal por ter um salário superior ao do parceiro.

Pois é, já marquei todos esses e muitos outros pontos. Agora, você consegue imaginar o tamanho da pedra que está no seu caminho de sucesso por conta do preconceito de gênero? Veja bem, e se você se sentisse tão capaz quanto seus colegas de trabalho? E se você fosse ouvida durante as conferências com a mesma atenção e consideração dos demais? Talvez sua carreira estivesse em um nível muito melhor do que está agora, certo?

Há certos tipos de atitudes e tratamentos exclusivos aos homens, situações às quais as mulheres não têm acesso. E a gente está tão acostumada a isso que nem pensa de onde vem esse privilégio e muito menos o questiona.

Eu vou trazer um pouco da história do nosso país para explicar o assunto. A ideia de Brasil que temos hoje iniciou há pouco mais de quinhentos anos com a chegada dos portugueses, e a formação da nossa sociedade teve como base o modelo patriarcal europeu. Nossos colonizadores consideravam uma heresia as mulheres terem acesso à educação formal, e a orientação, na época, era que elas se dedicassem às prendas domésticas.

Por uma diversidade real

Os homens eram preparados para administrar propriedades e negócios, estudar, participar da vida política, desbravar territórios ou virar padres. Já as mulheres eram preparadas para casar e ter filhos e, se não queriam seguir esse caminho, deveriam ser internadas em conventos. A escolarização feminina representava um risco de contestação da tirania do pai e do marido e, por consequência, do patriarcado.

No geral, as relações sociais e de gênero no Brasil colonial delegavam aos homens o papel de chefes da família e detentores do poder e autoridade, enquanto as mulheres eram consideradas inferiores e tinham menos voz na sociedade. Elas eram praticamente impedidas de alcançar posições de liderança ou ganhar independência financeira.

Já se passaram duzentos anos desde que deixamos de ser colônia portuguesa, mas do ponto de vista histórico não é tanto tempo assim – mudanças culturais e sociais levam tempo para se consolidar. Lembrando que foi só em 1962, com o Estatuto da Mulher Casada, que as esposas foram liberadas de pedir autorização do marido para trabalhar. Foi também a partir dos anos 1950 que as mulheres tiveram acesso à educação formal em todos os níveis. Isso graças, principalmente, à promulgação da Constituição de 1988, que reconheceu as mulheres como cidadãs com os mesmos direitos e deveres dos homens. Mas a gente sabe que garantir direitos e deveres no papel é uma coisa e, na prática, é outra bem diferente.

Apesar da luta histórica, das conquistas e dos ganhos sociais que trouxeram mudanças significativas para as meninas do novo milênio, ainda há muitas limitações, em especial, no mercado de trabalho. Mulheres com idade de assumir cargos de liderança carregam traços e enfrentam desafios que ecoam do modelo patriarcal. É o caso de quem nasceu entre as décadas de 1970 e 2000, profissional e economicamente ativas atualmente. Por mais que a gente ignore ou não queira, persistem as percepções negativas sobre nossas habilidades e competências. Muitos colegas e empregadores nos veem de maneira preconceituosa, como mostra o relato a seguir de um amigo próximo, que atua em uma multinacional e tem mais de vinte e cinco anos de experiência no mundo corporativo.

Por uma diversidade real

DEIXA ELA SE VIRAR SOZINHA

"É triste falar sobre isso, mas a diferença de gênero é uma realidade nas organizações e a forma como a sociedade trata o tema só contribui para esse problema. Na empresa em que trabalho, tivemos uma vice-presidente mulher. Ela tinha cerca de 55 anos, sem filhos, se dedicou a vida inteira à profissão e era muito competente. Mas, como entrou na empresa indicada pelo CEO, que alegou que seria importante ter mulheres no comando, sofreu preconceito desde o início por parte dos colaboradores, que a enxergavam como uma intrusa, alguém que teve 'vantagem' por ser mulher. Seus pares, enquanto homens, também não estavam confortáveis. Ela não era chamada para o happy hour, nem para as reuniões informais, situações que comumente estreitam relacionamentos e nas quais se travam alianças. Os colegas se incomodavam com a sua presença e diziam frases como 'Já que ela foi indicada pelo chefe, vamos ver se ela é competente mesmo. Deixa ela se virar sozinha'. Após alguns anos no cargo, essa executiva pediu renúncia e saiu da organização. A empresa perdeu uma boa profissional por puro preconceito. E isso também acontece todos os dias, nas mais diversas áreas. Se tiver duas vagas, geralmente a orientação é para que as mulheres só preencham um dos postos, pois isso é um 'problema' quando elas engravidam e tiram licença-maternidade, sobrecarregando os colegas homens."

Claro que alguns segmentos são mais machistas que outros, e eu conheci alguns dos piores deles. Na última empresa em que atuei, havia um movimento de ampliar o número de mulheres em posições de alta gestão. Tanto que o comitê executivo, que não tinha nenhuma mulher, passou a ter 50% de participação feminina. Contudo, por mais que houvesse boas intenções e iniciativas para diminuir a desigualdade de gênero, sabemos que as coisas não mudam da noite para o dia.

Ter mulheres na área jurídica, de recursos humanos ou marketing já é algo mais comum, mas no setor de negócios, que tradicionalmente ainda é dirigido por uma rede majoritariamente de homens, ter essa equalização de gênero abala estruturas. E me abalou também.

A mulher que chega a uma posição de liderança faz um esforço muito maior para ter o mesmo reconhecimento depositado nos antigos ocupantes da posição que assumimos, principalmente se eles eram homens. É difícil se impor e ganhar respeito dos colegas, que resistem a obedecer a uma superior mulher. Se você já passou por isso, sabe bem do que estou falando.

"Sabe qual é o maior problema de ter uma chefe mulher? É que a gente sempre associa essa figura à mãe. E a mãe tem o papel de proteger, ser imaculada e cuidar dos filhos, mas nunca de dar ordens ou penalizar. A gente respeita a mãe como símbolo maternal, mas não como símbolo de gestão ou autoridade no trabalho."

Por mais absurda e machista que essa fala possa parecer, ela é real. Foi dita por um homem a uma colega de trabalho. Alguns homens possuem a figura da mãe tão forte que, quando precisam lidar com a mulher como chefe ou par na vida profissional, enfrentam uma dificuldade enorme. Mas não deveria ser assim, né?

"MAS VOCÊ É DIFERENTE"

São muitas as situações de preconceito às quais estamos sujeitas. Trago mais uma aqui como forma de chamar a atenção principalmente dos homens. Certa vez, durante um almoço com um ex-colega de trabalho pelo qual tenho profundo respeito e admiração, eu estava toda animada contando sobre meus planos de escrever um livro (no caso, este aqui que vocês estão lendo!), quando, na hora do café, veio a surpresa:

— Não está fácil o momento atual da empresa. O CEO resolveu colocar um monte de mulher em cargos de comando e tem feito muito barulho na mídia. Nada contra as mulheres, mas acho que o resultado ruim foi impactado por isso também. Não temos tantas mulheres competentes assim.

MULHERES QUE LIDERAM JOGAM JUNTAS

Só consegui reagir com:

— Opa! Que machismo é esse? Acabei de falar sobre o meu livro!

— Mas você é diferente. Sempre trabalhou como um homem.

Há várias **pesquisas importantes que mostram a descrença e desconfiança com mulheres em posições de alto-comando**. Um estudo divulgado em junho de 2023 pelo Programa das Nações Unidas para o Desenvolvimento (Pnud) revelou que **duas em cada cinco pessoas acreditam que os homens se saem melhor como executivos do que as mulheres**. O relatório "Índice de Normas Sociais de Gênero"[27] também apontou que 90% dos entrevistados têm algum tipo de preconceito contra as mulheres.

"A pesquisa 'Atitudes Globais pela Igualdade de Gênero', publicada pelo Instituto Ipsos", apontou que "três em cada dez pessoas no Brasil (27%) admitem que se sentem desconfortáveis em ter uma mulher como chefe. O número é ainda mais expressivo entre os homens: 31% deles têm resistência em ter uma líder, ante 24% das mulheres".[28]

---

27 ONU: 90% da população mundial tem algum preconceito contra mulheres. **ONU News**, 12 jun. 2023. Disponível em: https://news.un.org/pt/story/2023/06/1815832. Acesso em: 10 set. 2023.

28 CAVENAGHI, Carolina. Por mais mulheres em cargos de liderança. **Exame**, 23 mar. 2022. Disponível em: https://exame.com/invest/opina/por-mais-mulheres-em-cargos-de-lideranca/. Acesso em: 10 set. 2023.

Por uma diversidade real

E o preconceito contra lideranças femininas está aumentando. Ao menos é o que indicou o Índice de Liderança de Reykjavik,[29] que analisa como as pessoas percebem as mulheres em cargos de nível superior. Os resultados de 2022 não foram nada animadores: menos da metade dos entrevistados nos países do G7 (Canadá, França, Alemanha, Itália, Japão, Reino Unido e Estados Unidos) afirmaram estar muito confortáveis em ter uma mulher como CEO de uma empresa em seu país. A porcentagem ficou em 47%, indicando uma queda de 54% em relação aos dados de 2021.

O cenário corporativo é muito hostil. É preciso muito trabalho de autoconfiança para não se deixar desestruturar. Quando emitimos opiniões firmes, claras e objetivas, somos vistas como mandonas ou grosseiras, além de punidas com comentários críticos, falta de reconhecimento dos colegas e chamados de atenção da chefia. O mesmo, porém, não ocorre com os homens, que, ao agir dessa forma, são admirados e considerados bons líderes, ousados e afirmativos.

Já lhe disseram para "pegar mais leve" por ter adotado uma comunicação "muito assertiva"? Ou colocaram a postura direta como "ponto a melhorar" nas avaliações?

---

29 O Índice de Liderança de Reykjavik é uma colaboração entre a rede global Women Political Leaders e a Kantar Public, empresa de consultoria e políticas públicas, e entrevistou mais de 10 mil pessoas em 14 países. Disponível em: https://www.kantarpublic.com/inspiration/reykjavikindex. Acesso em: 10 set. 2023.

CARACTERÍSTICAS ASSOCIADAS À MULHER

GROSSA

MANDONA

ASSERTIVA

objetiva

FIRME

Ambiciosa

AGRESSIVA

flexível

CLARA

empática

habilidosa nas relações interpessoais

valoriza o autocuidado

"Quando um homem faz um bom trabalho, todo mundo diz: 'Isso é ótimo.' Quando uma mulher faz a mesma coisa, ela recebe um feedback que diz coisas como: 'Seus resultados são bons, mas seus colegas simplesmente não gostam tanto de você' ou 'Talvez você tenha sido um pouco agressiva'", afirma a executiva de tecnologia Sheryl Sandberg no livro *Faça acontecer*.[30] Faz uma década que essa

---

30   SANDBERG, Sheryl. **Faça acontecer**: mulheres, trabalho e a vontade de liderar. Tradução: Denise Bottmann. São Paulo: Companhia das Letras, 2013.

Por uma diversidade real

obra foi escrita, Sheryl já deixou a direção de operações da Meta (Facebook) em 2022, onde trabalhou por catorze anos, mas esses comportamentos seguem corriqueiros em ambientes em que há mulheres em cargos de alta gestão.

Na obra, Sheryl questiona por que o crescimento das mulheres na carreira passou tantos anos estagnado e fala sobre a forma como a sociedade vê as mulheres – e como isso afeta o modo como as mulheres veem a si e as outras. Os meninos, diz ela, são educados para serem assertivos e agressivos e assumirem a liderança, mas o mesmo não acontece com as meninas. "Quando uma menina tenta liderar, muitas vezes é chamada de mandona. Raramente os meninos são chamados de mandões, porque um menino assumindo o papel de chefe não surpreende nem ofende", escreveu a executiva.

E esses estereótipos, que começam na infância, seguem na vida adulta – crescemos acreditando que, mais que mandar, devemos agradar aos outros o tempo inteiro, transferindo isso para os pares, chefes e relacionamentos amorosos. O problema, segundo Sheryl, é que as mulheres não são autoconfiantes o suficiente e tendem a se preocupar mais em ser agradáveis e bem-vistas pelos outros, deixando muitas vezes de se posicionar e tomar decisões importantes em suas carreiras. E mesmo as que se posicionam também sofrem com isso.

O "PROBLEMA" DE SER POSUDA E AUTOCONFIANTE

Andrea, diretora-executiva de uma organização, saiu de seu último emprego em 2022. Sempre muito crítica em suas opiniões, nunca se deixou intimidar pela pressão masculina. Nas reuniões do comitê executivo, não deixava de se posicionar, mesmo quando as pessoas não concordassem com ela, pois acreditava que era assim que tinha que ser – um debate saudável no qual os líderes pudessem expor diferentes pontos de vista. Mas seu pensamento não era um consenso. Por se posicionar firmemente era chamada de "posuda" pelo chefe e por outros diretores, inclusive mulheres, que lhe diziam: "Você tem pose de quem sabe o que está falando, parece muito autoconfiante". E isso incomodava os outros a ponto de receber "conselhos" para "costurar por trás" depois que a reunião terminasse, em vez de ficar se expondo para uma plateia tão grande e muitas vezes hostil. Em um emprego anterior, a executiva ouviu um comentário descarado de um chefe que afirmou que ela "não ia bater meta nunca" por causa das "roupas discretas" que usava. Já outra chefe mulher lhe sugeriu: "Você não pode agir assim a ferro e fogo, deixe o chefe achar que ele manda para no final você conseguir o que quer".

Por uma diversidade real

Não é fácil falar e assumir posições quando estamos sozinhas em uma reunião entre pares ou com a chefia, em um grupo majoritariamente masculino. Quantas vezes não somos interrompidas, temos nossas ideias contestadas e precisamos insistir para sermos ouvidas e garantirmos a autoria de nossas propostas respeitadas?

Você já disse algo para o qual ninguém deu bola e, minutos depois, um homem disse a mesma coisa e todos consideraram aquilo brilhante? Enlouquecedor, não? Muitas vezes, os homens interrompem não para dizer que discordam de algo – o que poderia enriquecer a discussão –, mas para fazer perguntas para as quais já sabem as respostas, principalmente quando se trata de algo negativo, como forma de forçar a mulher a ser a portadora da notícia ruim diante da chefia e de todos. Assim, eles nos expõem e nos deixam em uma situação desconfortável, nos obrigam a participar de um jogo sujo e nos empurram para baixo, como se assim pudessem ir para cima e se mostrar superiores.

Existem até termos em inglês que descrevem essas dinâmicas desrespeitosas que ocorrem nesses encontros:

- **MANTERRUPTING:** Junção de *"man"* (homem) e *"interrupting"* (interrupção). Quando um homem interrompe uma mulher sucessivas vezes.

MULHERES QUE LIDERAM JOGAM JUNTAS

- **MANSPLAINING:** Junção de *"man"* (homem) e *"explaining"* (explicar). Quando um homem dedica seu tempo para explicar algo óbvio a uma mulher, de maneira didática, como se ela não fosse capaz de entender.
- **BROPRIATING:** Junção de *"bro"* (de brother, irmão, mano) e *"appropriating"* (apropriação). Quando um homem se apropria da mesma ideia já expressa por uma mulher, levando os créditos por ela.
- **GASLIGHTING:** Quando uma informação é manipulada ou distorcida, fazendo com que a mulher questione e duvide de situações, fatos e falas.

Há vários estudos que mostram como os homens fazem mais pronunciamentos em reuniões. Uma pesquisa feita pelo cientista social Christopher Karpowitz, da Universidade Brigham Young, nos Estados Unidos, constatou que homens falam, em média, durante 75% do tempo em discussões de trabalho.[31]

Outra análise ficou famosa por envolver os então candidatos à presidência dos Estados Unidos Hillary Clinton e Donald Trump

---

31 KARPOWITZ, Christopher F.; MENDELBERG, Tali; SHAKER, Lee. Gender Inequality in Deliberative Participation. **American Political Science Review**, August 2012, p. 1-15. DOI: 10.1017/S0003055412000329. Disponível em: https://www.bu.edu/wgs/files/2014/12/Karpowitz-et-al.-2012.pdf. Acesso em: 10 set. 2023.

Por uma diversidade real

em 2016. Durante o primeiro debate presidencial, Trump interrompeu Hillary 51 vezes.[32]

O episódio serviu de inspiração para a criação do aplicativo Woman Interrupted, disponível no Brasil, que conta quantas vezes uma mulher é interrompida durante sua fala por um homem.

O Woman Interrupted usa o microfone do aparelho celular para analisar as conversas. Mas elas não são gravadas nem armazenadas, tudo passa da voz para os dados, segundo explica o app.

As frequências das vozes e a observação do estado emocional da mulher (calibração da voz) ajudam a contar quantas vezes ela foi interrompida durante um diálogo. No caso de um homem, é contabilizado quantas vezes ele interrompeu a interlocutora.

Além dos números, o aplicativo exibe um gráfico indicando em quais momentos da conversa ocorreram as interrupções.

---

32   THE FIRST US presidential debate will be shown in gender studies classes for years to come. **Quartz**, 26 set. 2016. Disponível em: https://qz.com/792389/tonights-us-presidential-debate-between-donald-trump-and-hillary-clinton-will-be-shown-in-gender-studies-classes-for-years-to-come. Acesso em: 10 set. 2023.

Os dados, que podem ser compartilhados, são exibidos por conversa ou ainda por dia, semana, mês ou ano. O app está disponível na versão Android e iOS: http://www.womaninterruptedapp.com/pt/. *Em 2022, houve um caso de interrupções da fala aqui no país, envolvendo autoridades jurídicas, que virou notícia na grande imprensa. O episódio aconteceu com a ministra do Supremo Tribunal Federal Cármen Lúcia, que foi interrompida várias vezes durante uma sessão plenária em que lia um documento ao longo de vinte minutos. "Precisei brigar no plenário do Supremo para ter o direito de fala, que é o meu dever", disse ela na ocasião.*[33]

As mulheres são frequentemente constrangidas e hostilizadas diante dos colegas. A opressão é tanta que a maioria de nós se sente intimidada, com medo de se impor e sofrer retaliações. Os homens ficam com raiva e com o ego ferido se discordamos deles e fazem de tudo para nos tirar da frente. Por isso que muitas optam por uma conduta mais neutra, falam menos ou mesmo

---

33 FRANCO, Bernardo Mello. O desabafo de Cármen Lúcia sobre o machismo e as interrupções no STF. **O Globo**, 15 ago. 2022. Disponível em: https://oglobo.globo.com/blogs/bernardo-mello-franco/post/2022/08/o-desabafo-de-carmen-lucia-sobre-o-machismo-e-as-interrupcoes-no-stf.ghtml. Acesso em: 10 set. 2023.

Por uma diversidade real

não falam nada para não serem mandadas embora. E, em vez de brigarmos pela nossa pauta, acabamos cedendo a nossa voz e o nosso lugar à mesa para os homens.

E isso se mostra ainda mais forte quando somos parte de uma minoria entre as lideranças – negras, de origem humilde ou vindas do interior, por exemplo, como é o meu caso e de outras mulheres que já atendi.

UM MUNDO EXCLUDENTE

De origem humilde, Joana sempre sonhou em ter uma carreira corporativa e conquistar um cargo sênior. Quando assumiu a liderança de negócios de uma companhia em São Paulo, ela evitava falar das suas origens, pois tinha vergonha de dizer que era do interior, enquanto as colegas diretoras haviam nascido e crescido na capital. Tinha vergonha de não ter estudado em escolas de ponta, de não ter feito uma faculdade renomada, por não ter dinheiro para pagar nem tempo diante da jornada de trabalho de quinze horas diárias que enfrentou já a partir dos 17 anos. Ela sentia que, para ser amada e respeitada, deveria ser igual às mulheres e aos homens que ocupavam a mesma posição que ela. E não se tratava de uma impressão: o chefe uma vez lhe disse que ela tinha muito potencial, mas o sotaque, com o "r" carregado do interior, não era bem-visto, não pegava bem para uma mulher à sua altura. O que ela fez? Procurou no mesmo dia uma fonoau-dióloga que a ajudasse a pronunciar o "r" de modo mais sutil. E não raro era chamada de pé de barro pelos colegas. Para se parecer com eles, não contava sua história, somente dizia que havia feito uma pós-graduação na Fundação Getulio Vargas (FGV), já na capital paulista. Ela percebia que o mundo corporativo valorizava pessoas que tinham boa formação de ensino, que faziam viagens para o exterior, que se vestiam bem, que falavam com eloquência. E ela queria ser assim também.

Por uma diversidade real

Se a presença de mulheres é pequena na liderança, a diversidade entre essas mulheres é menor ainda. Nesse sentido, a implementação de metas nas empresas busca reduzir a desigualdade de gênero para mudar esse cenário. O movimento Elas Lideram 2030,[34] iniciativa do Pacto Global da ONU Brasil e ONU Mulheres em parceria com outras instituições, quer engajar empresas a garantir pelo menos 30% de mulheres na alta liderança até 2025 ou 50% até 2030. No primeiro ano da campanha, em 2022, 57 empresas se comprometeram com as metas.

Ações como essa são fundamentais, mas é triste ver empresas que aderem às metas apenas para parecer que são engajadas em causas relacionadas a igualdade e diversidade. As empresas têm que acreditar mais na nossa competência e contratar mulheres pelas habilidades, porque temos valores para entregar e agregar à organização.

Há um discurso de que hoje se valorizam mais as características comumente associadas às mulheres, como a empatia e o cuidado, mas quando elas chegam ao alto escalão isso não acontece – ou pelo menos não é tão frequente. Uma mulher que está em uma posição superior, que se emociona e que chora, não é vista com bons olhos,

---

34 MOVIMENTO Elas Lideram 2023. **Pacto Global**, [*s. d.*]. Disponível em: https://www.pactoglobal.org.br/movimento/elaslideram2030/. Acesso em: 10 set. 2023.

como mostrei nos relatos apresentados no capítulo anterior. Muitas vezes escondemos o choro para que não pensem que nos deixamos levar pelo "emocional" e para sermos consideradas fortes. Acabamos adotando um comportamento mais masculino, que atenda às expectativas do que hoje se espera de um bom líder.

Trabalhar com tantos empecilhos mentais, emocionais e físicos – digo físicos porque as consequências também chegam por meio de doenças – é um processo desgastante e muitas vezes solitário. O sentimento de solidão e isolamento é comum na liderança. Nem mesmo as mulheres se ajudam.

Enquanto os homens se protegem, as mulheres se dispersam competindo umas com as outras, porque temos medo de que o chefe goste mais da colega do que da gente. Em vez de se acolherem e se valorizarem entre si, muitas demonstram ciúmes ou inveja por não terem conseguido o cargo que a colega conseguiu e fazem de tudo para serem aceitas nesse modelo masculino. E isso só valida o comportamento discriminatório dos homens e a cultura patriarcal.

Basta olhar o comitê executivo de uma empresa. Quando há uma mulher no grupo de muitos homens, ela se sente especial, e em vez de apoiar o movimento e vender outras mulheres, faz alianças com os homens para preservar sua posição.

Por uma diversidade real

Se uma executiva enfrenta uma crise ou um conflito, as outras no geral não se pronunciam. Ninguém quer ser associada à parcela "excluída" da corporação. Já quando se trata de algum posicionamento envolvendo um homem, claramente você vê as mulheres se juntarem a ele até para poder contar com um aliado masculino. E, nessa "subida" corporativa, as mulheres deixam a sororidade de lado.

Sororidade. Palavra da moda, tanto se fala nesse termo, mas na prática ainda são poucas as mulheres que têm a chance de conhecer essa experiência poderosa de solidariedade, empatia e apoio mútuo que visa promover a união e o fortalecimento do gênero feminino. É lamentável, mas as mulheres se veem como concorrentes, não confiam nem cooperam umas com as outras, dificultando a criação de laços.

"A maioria de nós – homens e mulheres – ainda reluta em se deixar influenciar pela opinião das mulheres. E ainda resistimos à ideia de mulheres exercendo autoridade sobre nós", diz a pesquisadora e escritora britânica Mary Ann Sieghart no livro *Lacuna de autoridade*.

Segundo Mary Ann, as organizações fazem coisas como adicionar uma licença-maternidade mais generosa ou tornar o trabalho mais flexível, mas isso não muda a maneira como as pessoas se comportam umas com as outras em ambientes corporativos.

A rivalidade só faz com que os números de líderes mulheres se mantenham escassos – ainda que, no geral, eles venham crescendo. E as referências são fundamentais para nos inspirar. Precisamos ver mais exemplos de mulheres nas lideranças para querer se tornar uma delas. Vamos mudar esse cenário?

Não podemos alcançar esses patamares de sucesso reforçando as mesmas características negativas e detratoras que vemos em nossos pares masculinos. Ser uma líder que perpetua atitudes sexistas, preconceituosas e desrespeitosas, sejam elas quais forem, não faz nenhum bem à causa e ainda reforça o estereótipo de que para ser chefe a mulher tem que "se portar como homem". E não estou dizendo que devemos ser doces e carinhosas, simulando atitudes maternais cuidadoras com subordinados, não é isso. É liderar com atenção e respeito, não com controle e medo, como geralmente as gestões hierárquicas masculinas são feitas.

É lamentável, mas as mulheres se veem como concorrentes, não confiam nem cooperam umas com as outras, dificultando a criação de laços.

CAPÍTULO 4:

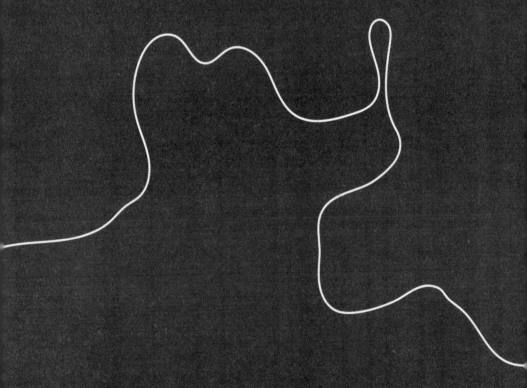

O poder da sororidade – um novo paradigma para as empresas

Juntas podemos quebrar barreiras de gênero e criar um ambiente de trabalho positivo e bem-sucedido.

ALIANÇA *Colaboração* UNIÃO FEMININA
Empatia **Escuta atenta** Ambiente inclusivo **GRUPOS DE APOIO** EQUIDADE DE GÊNERO *Iniciativas de conscientização* Capacitação para mulheres Diversidade **PLURALIDADE**

Promover a igualdade de gênero nas empresas, por mais desafiador que seja, é crucial para que todas nós possamos ter a oportunidade de desenvolver nosso potencial pleno. Precisamos não só de mais mulheres na liderança como também de mais mulheres que assumam a liderança conscientes de suas escolhas e de seu papel transformador.

A sororidade é o caminho. A palavra, que vem do latim, significa algo como "solidariedade entre irmãs" e busca promover a empatia, a união e o acolhimento entre mulheres, rompendo com a ideia de competitividade. Há quem cresça profissionalmente passando por cima das colegas e alimentando um clima de rivalidade, mas isso só contribui para um ambiente de trabalho tóxico que gera problemas de saúde mental e emocional e pode limitar a carreira. Temos de investir no sentido contrário, unindo esforços, criando oportunidades e celebrando conquistas de nossas semelhantes.

Segundo um estudo da *Forbes*,[35] realizado com empresas norte-americanas, a sororidade é como um pilar que acomoda a diversidade e a pluralidade nas equipes e ressignifica o trabalho de cada integrante do time.

Ou seja, ao reconhecermos as nossas próprias forças e aprendermos a usá-las a nosso favor, contribuímos para construir uma cultura de irmandade que faz todas as mulheres crescerem juntas. De maneira colaborativa, fica mais fácil superar obstáculos e a discriminação que ainda enfrentamos no mundo empresarial – e fora dele também.

Parece um sonho distante? Nem tanto. A força feminina é poderosa e capaz de impulsionar novos paradigmas nas lideranças das

---

35 VAZ, Sandra. Sororidade: o caminho para humanizar relacionamentos em empresas. **Exame**, 20 jun. 2022. Disponível em: https://exame.com/bussola/sororidade-o-caminho-para-humanizar-relacionamentos-em-empresas/. Acesso em: 10 set. 2023.

empresas. E é plenamente possível criar culturas inclusivas, capazes de melhorar as corporações. Isso já vem sendo feito por meio de novos modelos de gestão, com processos e políticas direcionados para a diversidade.

A diversidade é "o assunto" nos departamentos de RH – que, aliás, são quase sempre liderados por mulheres – e precisa estar presente não só em ações pontuais ou voluntárias. É necessário um trabalho institucional, previsto nas metas e ações da organização, com profissionais, planejamento e verba alocados, a partir de um alinhamento direto com a alta liderança.

E não podemos excluir os homens desse cenário, pois precisamos de aceitação e respeito mútuo para celebrar a diversidade de todos os tipos. É uma transformação na cultura da empresa que não acontece da noite para o dia, mas tem de avançar e se aprimorar para impactar de maneira positiva o ecossistema corporativo, criando um ambiente de trabalho que traga satisfação e qualidade de vida aos colaboradores, bem como a prosperidade dos negócios.

Convido você a começar essa transformação agora, junto comigo e com as mulheres ao seu redor. Há muitas formas de incentivar a sororidade e combater as desigualdades de gênero nas empresas e explico aqui algumas das principais medidas que favorecem essa jornada. Vamos juntas?

O QUE VOCÊ PODE FAZER PARA INCENTIVAR A SORORIDADE NA SUA EMPRESA:

- *Pratique a empatia, a escuta e o companheirismo, reduzindo assim o clima competitivo entre mulheres.*

- *Estimule a autoestima das colaboradoras com atividades e oportunidades de desenvolvimento ligadas aos desafios que poderão enfrentar em cargos de liderança.*

- *Valorize os pontos fortes e fracos da sua equipe – ao respeitarmos umas às outras, os homens também passarão a fazê-lo.*

- *Compartilhe suas vulnerabilidades e crie chances para uma maior conexão com seu time.*

- *Promova processos de coaching e mentorias para dar oportunidades de liderança a outras mulheres e às novas gerações de meninas.*

- *Comemore os sucessos: reconhecer e celebrar as realizações das colegas promove um ambiente de trabalho positivo e aumenta a confiança e a motivação.*

Ao reconhecermos as nossas próprias forças e aprendermos a usá-las a nosso favor, contribuímos para construir uma cultura de irmandade que faz todas as mulheres crescerem juntas.

1 PRATICAR A EMPATIA

Habilidade de entender e compartilhar os sentimentos e as necessidades de outra pessoa, a empatia faz com que a mulher se sinta acolhida e compreendida.

A empatia é uma qualidade extremamente importante no local de trabalho. Ela permite que você construa relacionamentos mais profundos e significativos com os colaboradores, colegas e clientes. Uma líder que mostra empatia pode se conectar melhor com a equipe, compreendendo suas preocupações e motivações. Isso facilita a resolução de conflitos e pode resultar em um time mais unido e motivado, o que por sua vez pode levar a uma maior produtividade e satisfação no trabalho. "Quanto mais diverso o ambiente, mais a empatia pode contribuir para gerar um clima acolhedor", afirmam Leny Kyrillos e Cássia Godoy, autoras do livro *Sou mulher, sou líder*.[36] Relembro aqui uma situação que acompanhei em uma das empresas em que trabalhei:

---

36 KYRILLOS, Leny; GODOY, Cássia. **Sou mulher, sou líder**: um guia para se comunicar com sucesso. São Paulo: Contexto, 2023.

SOLIDARIEDADE E COLABORAÇÃO

Joana atuava como gerente comercial em uma grande empresa quando passou por um problema pessoal muito difícil: ela teve de enfrentar a perda de um bebê que tanto desejava. Obviamente, essa dor impactou drasticamente sua produtividade. Para apoiar a gerente, sua diretora fez uma reunião com as colaboradoras do time e com os pares dela – todas mulheres –, sem expor o problema, apenas para reorganizar as atividades. Assim, seria possível entregar os resultados para a empresa e permitir que Joana se afastasse do trabalho por alguns dias, sentindo-se apoiada pelas colegas e pela líder. A empatia trouxe segurança a Joana durante o doloroso processo de luto e gerou ainda mais confiança entre o time, além de empenho para atingir os objetivos propostos.

ATENÇÃO, RH
ATITUDES QUE NÃO CONTRIBUEM

Profissionais de recursos humanos têm de acolher e ajudar colaboradores, principalmente as mulheres que passam por dificuldades, sejam quais forem. Muitas vezes esses profissionais demonstram total falta de conhecimento para lidar com pessoas, como nesta história que conto a seguir:

Em um momento de crise financeira e relacional da empresa onde trabalhava há sete anos, a diretora de vendas Juliana estava muito abalada emocionalmente pela forte pressão dos lojistas que praticavam constantemente assédio verbal e moral. Visivelmente, o desgaste estava estampado em seus olhos e atitudes. Ela chorava com frequência e chegou a intensificar a terapia, mas relatava falta de energia constante – dizia não ter nem vontade de sair de casa. O departamento de RH foi informado de sua situação e nada fez para apoiá-la. O argumento era de que uma executiva precisava estar preparada para trabalhar em um ambiente adverso e hostil e não podia se demonstrar frágil e vulnerável.

O poder da sororidade – um novo paradigma para as empresas

2 COMPARTILHAR VULNERABILIDADES

Capacidade de assumir nossas dificuldades e fragilidades, demonstrando que não somos perfeitas, o que facilita a conexão e empatia com o time.

Foi-se o tempo em que demonstrar vulnerabilidade era algo malvisto. Hoje, essa é uma prática recomendada a todos, inclusive para as lideranças femininas. Mostrar que mesmo as pessoas de sucesso têm dificuldades e enfrentam desafios pode ser muito encorajador para outras mulheres. Também pode ajudar a quebrar a cultura do silêncio em torno de problemas como discriminação de gênero, assédio e desequilíbrio entre trabalho e vida pessoal. Quando expõem seus desafios e dificuldades, as líderes humanizam a si mesmas, tornando-se mais acessíveis e relacionáveis. Isso pode incentivar outras pessoas da equipe a compartilhar as próprias dificuldades e buscar ajuda quando necessário. Também pode levar a uma maior satisfação no trabalho, colaboração e produtividade.

Quantas vezes você já deixou de falar algo em uma reunião ou hesitou em dizer o que pensava sobre um projeto com receio de ter suas ideias rejeitadas? Para Brené Brown, cientista social da Universidade de Houston, nos Estados Unidos, e autora do livro *A coragem de ser imperfeito*,[37] essa atitude mostra como estamos pouco habituadas à vulnerabilidade de ouvir uma negativa ou sermos contrariadas. A autora diz que estar aberta à vulnerabilidade exige coragem de aceitar os erros, as críticas e os imprevistos que podem surgir durante o caminho para o sucesso. "A vulnerabilidade não é sobre ganhar ou perder. É ter a coragem de aparecer mesmo quando você não consegue controlar o resultado", diz Brené.

---

37 BROWN, Brené. **A coragem de ser imperfeito**: como aceitar a própria vulnerabilidade, vencer a vergonha e ousar ser quem você é. Tradução: Joel Macedo. Rio de Janeiro: Sextante, 2016.

O poder da sororidade – um novo paradigma para as empresas

AMBIENTE MAIS SEGURO E INCLUSIVO

Líder de equipe em uma grande empresa do setor de benefícios, Fernanda era reconhecida por sua competência e dedicação. Isso, porém, não a livrou de se tornar vítima de uma situação de assédio. Inicialmente, ela hesitou em compartilhar sua experiência, temendo que relatar a situação pudesse afetar sua reputação ou carreira, mas refletiu que ficar em silêncio não solucionaria o problema, decidindo expor a agressão sofrida. Em uma reunião com o chefe, ela contou sobre a conduta abusiva que havia sofrido e como isso afetou sua saúde mental e seu desempenho no trabalho. Ela falou abertamente sobre seus medos e desafios. Fernanda também levou o assunto ao departamento de recursos humanos da empresa e instigou a implementação de políticas contra comportamentos inapropriados ou desagradáveis no ambiente de trabalho e a favor de uma cultura de respeito e igualdade. Sua coragem para compartilhar suas vulnerabilidades teve um impacto profundo: aproximou a equipe e encorajou outros funcionários a falar sobre situações similares pelas quais passaram. Isso levou a empresa a adotar medidas mais fortes contra o assédio e a criar um clima de trabalho mais seguro e inclusivo.

3 ESTAR ABERTA À ESCUTA E AO DIÁLOGO

A conversa sincera, com espaço para uma escuta genuína, dá chance de entendermos a perspectiva do outro e encontrarmos melhores soluções.

Procure ampliar a escuta e o companheirismo com as colegas e verá como isso pode ser saudável para um ambiente comunicativo e inclusivo. Dar espaço e oportunidade para que outras mulheres possam falar, crescer e assumir um papel de liderança é uma forma de abrir espaço para si mesma. Ofereça apoio a uma colega e terá o mesmo quando precisar. Se você tem força sozinha, em grupos de duas, três ou quatro mulheres terá ainda mais, fazendo crescer o protagonismo feminino na companhia. A ideia é que todas "brilhem juntas" – o termo em inglês *"shine theory"* foi proposto pela jornalista norte-americana Ann Friedman para incentivar a sororidade no ambiente de trabalho.[38]

---

38 SHINE Theory. Disponível em: https://www.shinetheory.com/. Acesso em: 10 set. 2023.

O poder da sororidade – um novo paradigma para as empresas

4 DAR VOZ AOS PROBLEMAS CAUSADOS POR UM AMBIENTE MACHISTA

Ações e programas visam incentivar comportamentos e atitudes que favoreçam um ambiente de trabalho mais justo para as mulheres.

Você, infelizmente, já deve ter sido vítima de alguma prática preconceituosa por parte de colegas de trabalho. Do assédio moral e sexual à apropriação de ideias, do silenciamento à interrupção de nossas falas em reuniões, são muitas as formas de machismo que sofremos no ambiente corporativo. Até tarefas corriqueiras, como organizar uma festa ou fazer anotações em uma reunião, são realizadas por mulheres com mais frequência do que pelos homens, como comprovou um estudo norte-americano[39] em uma demonstração clara da divisão desigual das demandas domésticas de escritório. Mudar essa realidade exige que não fiquemos caladas. A fala assertiva, as queixas no RH, a documentação das violências sofridas e a criação de canais de denúncia para relatar incidentes de má conduta são maneiras de evitar a incidência desses problemas.

---

39 WILLIAMS, Joan C. *et al.* **Climate Control**: Gender and Racial Bias in Engineering? Center for Worklife Law; Society of Women Engineers, 2016. Disponível em: https://worklifelaw.org/wp-content/uploads/2022/01/Climate-Control-Gender-and-Racial-Bias-in-Engineering_Update.pdf. Acesso em: 10 set. 2023.

UMA CONVERSA CONSTRUTIVA E POSITIVA

Considere o caso de Ana, uma gerente regional de vendas em uma grande empresa de benefícios. Ela percebeu que, embora fosse uma das mais experientes da equipe, suas opiniões não eram levadas tão a sério quanto as de seus colegas homens — seus comentários nas reuniões nem sempre eram considerados nos debates com os colegas. Ela também observou que as outras mulheres da equipe pareciam estar enfrentando o mesmo problema. Ana não queria simplesmente aceitar a situação e decidiu agir: começou a documentar ocasiões específicas em que sentiu que suas ideias foram ignoradas ou subvalorizadas. Então, abordou o problema diretamente com sua gerente-executiva, apresentando-o com os exemplos específicos que havia coletado. Ana fez questão de manter a conversa positiva e construtiva, expressando seu desejo de contribuir mais efetivamente para a equipe e para a empresa. Ela não acusou seus colegas de serem sexistas, mas destacou a importância de garantir que todas as vozes fossem ouvidas e respeitadas. A gerente de Ana ficou surpresa ao ouvir sobre suas experiências e agradeceu por ela ter trazido o problema à tona. Em resposta, a gerente implementou treinamentos de conscientização e mudanças na estrutura das reuniões para garantir que todos tivessem a oportunidade de contribuir. Ao dar voz aos seus problemas de maneira assertiva e construtiva, Ana conseguiu criar uma mudança positiva não só para ela, como também para todas as mulheres da equipe.

O poder da sororidade – um novo paradigma para as empresas

5

DESENVOLVER LIDERANÇAS INCLUSIVAS

Conscientização de lideranças para que promovam a diversidade por meio da participação e contribuição de todos os membros da equipe.

A capacidade de liderança inclusiva é outra característica forte que as mulheres podem trazer para a mesa. Isso pode criar um ambiente de trabalho mais harmonioso e produtivo, no qual todos se sintam valorizados e ouvidos. Mas reforço que somente com a participação do alto escalão da empresa nas políticas de equidade é que as mudanças de fato ocorrerão. Os líderes têm de servir de modelo para comportamentos inclusivos, opondo-se à discriminação e ao preconceito, ajudando a internalizar tais práticas para propagar a importância da diversidade e da inclusão na organização. Isso vale não só para a diversidade de gênero, mas também racial, de orientação sexual, etária e para pessoas com deficiência, por exemplo.

6 CONTRATAR MULHERES

Planejamento e desenvolvimento de mulheres abrem espaço para o protagonismo feminino, gerando inovação e lucratividade à companhia.

As mulheres muitas vezes enfrentam preconceitos inconscientes que podem limitar suas oportunidades de emprego. É importante fazer uma revisão de processos de RH relacionados à atração e retenção – visto que muitos ainda seguem a lógica machista que tende a priorizar os homens – e adaptá-los ao contexto atual, garantindo um número equilibrado de profissionais qualificados, de ambos os gêneros, em todos os níveis hierárquicos. Programas de desenvolvimento e acompanhamento de carreira, com processos internos de avaliação e desempenho, têm de considerar as mulheres tanto quanto os homens. E, para cargos iguais, os salários têm de ser iguais também – por que não? A presença feminina em posições de liderança faz com que as mulheres se sintam representadas e vejam que é possível atingir posições de alto-comando. Diversos estudos já mostraram a importância do equilíbrio de gênero nas empresas. Um deles, feito pelo Fundo Monetário Internacional (FMI) com 2 milhões de empresas em 34 países europeus, revelou que uma maior diversidade de gênero em cargos de liderança está associada a uma

O poder da sororidade – um novo paradigma para as empresas

maior rentabilidade. A pesquisa apontou uma elevação de 8% a 13% de rendimento dos ativos dessas organizações.[40]

O QUE SUA EMPRESA FAZ PELA EQUIDADE DE GÊNERO?

☐ *Tem uma política formal de diversidade e inclusão com medidas específicas para reduzir a desigualdade de gênero.*

☐ *Divulga estatísticas e relatórios sobre a representação de mulheres em todos os níveis hierárquicos da empresa.*

☐ *Apresenta uma composição equilibrada entre homens e mulheres em cargos de liderança.*

☐ *Tem políticas claras e transparentes de remuneração e salários iguais para homens e mulheres em cargos equivalentes.*

☐ *Oferece as mesmas oportunidades de desenvolvimento profissional e treinamento para homens e mulheres de diferentes níveis hierárquicos.*

☐ *Assegura políticas de licença e horário de trabalho adequadas às necessidades de homens e mulheres.*

---

40 CHRISTIANSEN, Lone *et al.* Gender Diversity in Senior Positions and Firm Performance: Evidence from Europe. **IMF Working Paper**, March 7, 2016. Disponível em: https://www.imf.org/en/Publications/WP/Issues/2016/12/31/Gender-Diversity-in-Senior-Positions-and-Firm-Performance-Evidence-from-Europe-43771. Acesso em: 10 set. 2023.

7 PARTICIPAR DE GRUPOS FEMININOS

Redes de apoio facilitam a troca de vivências e ajudam a equipar mulheres com as ferramentas necessárias para o sucesso de modo sustentável.

Juntar-se a grupos femininos – ou os chamados grupos de afinidade no trabalho ou na comunidade – pode representar um espaço seguro para compartilhar experiências e obter apoio. Esses grupos também podem oferecer oportunidades de networking e aprendizado e ajudar as mulheres a se sentir mais empoderadas e apoiadas.

Eu atuo como voluntária há mais de seis anos no Grupo Mulheres do Brasil, liderado pela empresária Luiza Helena Trajano, que tem justamente essa proposta de apoio a outras mulheres. Também participei da criação do grupo Grandes Mulheres do Interior, que tem finalidade semelhante. Cito ainda o programa Nós Por Elas – Mentoria para Mulheres, do Instituto Vasselo Goldoni, e o Ben + Mulheres – Ben Visa Vale, do Banco Santander, do qual sou cofundadora. Esses são apenas alguns dos diversos grupos femininos que vale a pena conhecer.

8 PROMOVER ALIANÇAS

Apoiar umas às outras em reuniões, discussões e ações é uma forma de fortalecer o grupo.

Manter relacionamentos fortes com outras mulheres dentro e fora da organização pode ser uma fonte importante de apoio e inspiração. Além de oferecerem um ombro amigo durante os momentos difíceis, essas alianças podem proporcionar oportunidades valiosas de aprendizado e crescimento. Compartilhar experiências, conselhos e recursos faz com que as mulheres se sintam mais confiantes e capazes de enfrentar os desafios que surgem em suas carreiras. Além do mais, direciona esforços e energia para o que realmente importa, evitando comentários negativos ou comportamentos prejudiciais.

9 RECONHECER AS CONQUISTAS DO TIME

Valorizar e celebrar as realizações das colegas cria um ambiente de trabalho positivo.

Apoiar e comemorar as realizações de outras mulheres pode ajudar a cultivar um ambiente de trabalho mais inclusivo e colaborativo. Isso pode incluir elogiar publicamente as conquistas das colegas, promover o trabalho delas ou oferecer ajuda e conselhos quando necessário.

10 INCENTIVAR PRÁTICAS DE ORIENTAÇÃO E COACHING

Um mentor ou coach pode orientar e dar suporte a mulheres que procuram avançar em suas carreiras.

Líderes que promovem mentorias e coaching atuam como agentes transformadoras na vida de outras mulheres. Ao compartilhar desafios que elas próprias enfrentaram, servem de guias para as próximas gerações e ajudam executivas mentorandas a adquirir maior confiança e se sentir seguras para impulsionar sua carreira e seus objetivos pessoais.

O poder da sororidade – um novo paradigma para as empresas

APOIARMOS UMAS ÀS OUTRAS/ CRESCENDO JUNTAS

Ao longo da minha carreira, tive a sorte de ser mentora e mentorada ao lado de mulheres incríveis. Uma experiência que tem tudo a ver com o poder da sororidade e me marcou profundamente foi a minha relação com Laura, uma jovem profissional que orientei durante dois anos. Quando a conheci, ela estava no início da carreira, cheia de energia e ambição, mas se sentia perdida e insegura sobre como "navegar" no mundo corporativo. Ela estava lidando com desafios que eu mesma tinha enfrentado no início da minha carreira – o equilíbrio entre trabalho e vida pessoal, a pressão para provar seu valor e o desafio de fazer sua voz ser ouvida. Durante as sessões de mentoria, trabalhamos juntas para que ela pudesse superar esses desafios. Compartilhei com ela as lições que aprendi ao longo da minha carreira e a ajudei a desenvolver estratégias para enfrentar esses obstáculos. Falei, por exemplo, sobre como se posicionar em uma reunião de diretoria para vender seu projeto e dei dicas de como conduzir uma reunião com a equipe gerando confiança e motivação. Também a ajudei a elaborar um plano de metas para os próximos três anos, buscando cursos e livros para embasar a proposta, e dei dicas de como ter uma fala assertiva nesse cenário. Foi uma experiência incrivelmente gratificante ver Laura crescer e se

MULHERES QUE LIDERAM JOGAM JUNTAS

desenvolver profissionalmente. Hoje, ela é uma líder confiante e eficaz em sua organização. Ela não apenas superou os desafios que enfrentava como também está ajudando a mentorar outras mulheres em sua empresa. Ao apoiarmos umas às outras, podemos superar os desafios que enfrentamos e crescer juntas. E é isso que espero encorajar mais mulheres a fazer através deste livro.

Convido você a começar essa transformação agora, junto comigo e com as mulheres ao seu redor.

CAPÍTULO 5:

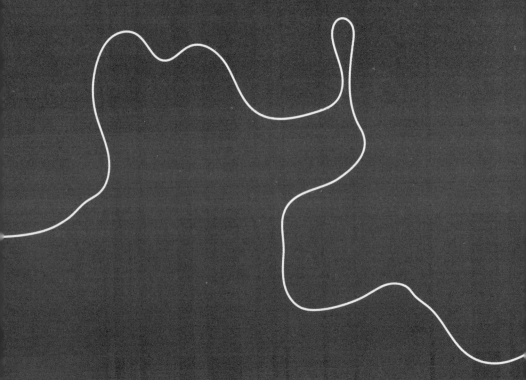

Método BERT — um recurso para a transformação da liderança feminina

Impulsionar tendências e promover transformações no ambiente de trabalho são medidas essenciais para tornar a cultura organizacional mais inclusiva e diversa. Contudo, existe outra revolução em paralelo que precisa ser feita e começa com apenas uma pessoa: você.

Eu transformei a minha vida e quero ajudar você a mudar a sua – para melhor! Depois de mais de vinte e cinco anos como executiva no mundo corporativo, liderando ao longo desse tempo mais de 400 colaboradores diretos e mais de 6 mil indiretos, e acumulando mais de seiscentas horas de formação em coaching e mentorias nas melhores instituições do Brasil, venho compartilhar com vocês meu método de desenvolvimento pessoal e profissional.

Quando criei o método BERT, juntei vivências e conhecimentos adquiridos ao longo desses anos e o apoio de profissionais de várias áreas, como mentores, psicólogos, nutricionistas, personal trainers, e de amigos para que o processo criado atendesse a diversas realidades e necessidades. Montei uma equipe de profissionais para caminhar comigo em direção à minha saúde para transformar todo o meu aprendizado em um negócio e propósito de vida. O método foi modelado passando por essa imersão de conhecimentos e técnicas validadas até chegar a este livro.

Os recursos que ofereço foram cuidadosamente experimentados por mim, visando construir um programa adequado à formação de líderes femininas. Não só experimentei ferramentas de coaching e mentoria como também vivenciei situações que eram disruptivas e me trouxeram bem-estar.

Digo disruptivas porque elas mudaram completamente meu estilo de vida. Eu, que até então vivia totalmente para o trabalho, comecei a fazer atividade física com frequência e cuidar da minha alimentação, pois estava enfrentando um efeito sanfona, diretamente associado ao meu estado emocional. Também comecei a cuidar da qualidade do meu sono, já que só dormia quatro horas por noite e ainda sonhava com o trabalho. Levantava exausta, mas fazia uma maquiagem, colocava a minha melhor roupa e seguia em frente,

Método BERT – um recurso para a transformação da liderança feminina

acreditando que, com muito suor, alcançaria os meus objetivos. Isso era um equívoco gigante.

Outra mudança que incluí na minha rotina foi a meditação diária. Foi um exercício muito difícil, porque a minha mente e o meu corpo não estavam preparados para isso. Eu tinha muita dificuldade de concentração e tudo me distraía. Mas persisti, e o resultado está sendo incrível.

Além desses aspectos, passei a dar mais atenção às minhas relações. Quando me dei conta de que só fazia amizades no trabalho, e que esses amigos se afastaram quando saí da empresa, comecei a buscar relações fora do ambiente profissional, em cursos de formação e por hobby, como os de vinho e cultura. Conectei-me com as pessoas que me cativaram, me provocaram interesse ou com as quais tinha afinidades e deixei definitivamente o crachá de lado. Também dei mais atenção à minha família. Apesar de ligar para meus pais todos os dias e tomar café com eles todos os sábados, eu me sentia ausente, pois minha cabeça estava o tempo todo na empresa. Com todo esse propósito de "resetar" minha vida, comecei verdadeiramente a estar mais presente em todas as situações, principalmente com meus familiares.

Fazer terapia semanalmente também me ajudou muito. Inclusive testei alternativas às terapias tradicionais, como hipnoterapia, tratamentos holísticos ou focados em espiritualidade, além de passar pelo processo de coaching. Foi um conjunto de iniciativas que me ajudaram muito, e hoje tenho certeza de que cuidar de si de modo integral é essencial para tornar uma pessoa mais produtiva.

Depois de todas essas experiências e mais de 30 ferramentas aplicadas e testadas, descobri que, para fazer uma transição não só de carreira mas também de vida, precisamos trabalhar estes pilares: estar **Bem** para fazer **Escolhas** conscientes; **Ressignificar** o passado e entender que fracassar em um projeto descolado da nossa essência não significa que somos fracassados; e aceitar que em toda dor há um aprendizado e que podemos nos **Transformar** em pessoas muito mais fortes e conscientes.

Ao escrever essas quatro sentenças, percebi que elas incluíam as iniciais do meu sobrenome: **BERTOLDO**. Seria coincidência ou um recado de algo superior ao meu entendimento? Seria o momento de descoberta do meu propósito de vida? Sim, acreditei nisso! Foi um presente encontrar meu método, que tanto representa para mim e tenho certeza de que pode fazer a diferença para você também.

O método BERT nasceu como um processo de desenvolvimento pessoal que visa melhorar as habilidades de tomada de decisão, e aqui vale ressaltar que é, sim, um processo de coaching e mentoria.

Estar **Bem** *para fazer* **Escolhas** *conscientes;* **Ressignificar** *o passado e entender que fracassar em um projeto descolado da nossa essência não significa que somos fracassados; e aceitar que em toda dor há um aprendizado e que podemos nos* **Transformar** *em pessoas muito mais fortes e conscientes.*

MULHERES QUE LIDERAM JOGAM JUNTAS

Como mentora, tenho vasta experiência de mercado para direcionar você aos melhores resultados; já como coach tenho conhecimento de todas as suas dores porque já as vivenciei em minha própria jornada e compreendo o que é preciso para sair de onde você está agora para chegar aonde deseja.

Meu método é direcionado para qualquer profissional que queira se desenvolver e conquistar uma vida saudável, mas principalmente para mulheres que estão enfrentando desafios em suas carreiras, são interessadas em autoconhecimento e autodesenvolvimento e buscam equilíbrio e uma vida com mais propósito. Até porque já descobrimos, aqui na leitura, que esse equilíbrio é a chave do sucesso para termos o que desejamos. Por conta disso, vai perceber que o caminho que proponho que você percorra é uma abordagem integral de vida pessoal e profissional, com foco na autoconsciência e no empoderamento.

Meu objetivo aqui neste livro é justamente traduzir para você o conhecimento que trabalho em minha mentoria do método BERT, de modo que você possa fazer seu caminho de transformação já a partir desta leitura e, claro, queira crescer comigo aqui, nas redes sociais e nas minhas outras aplicações, afinal, meu intuito é criar uma comunidade de mulheres incríveis, que crescem juntas.

Método BERT – um recurso para a transformação da liderança feminina

O método BERT prepara a pessoa para crescer na carreira e atingir seus objetivos de maneira consciente, saudável e mantendo sua essência. Afinal, sem estar consciente e integrada, a pessoa vai adoecer e sua carreira será prejudicada, como aconteceu comigo. Por meio de perguntas poderosas que geram conscientização, o método evita o adoecimento e propõe uma carreira e uma vida sustentáveis.

Na primeira parte, vamos aplicar ferramentas de autoconhecimento que visam à análise do seu perfil comportamental no ambiente de trabalho para gerar clareza sobre o momento atual que você vive em cada uma destas áreas: pessoal, profissional, relacionamento e qualidade de vida. Essa é uma poderosa etapa de autorreflexão na medida em que emergem informações relevantes sobre áreas em desequilíbrio e que poderão ser trabalhadas. Durante a mentoria, por exemplo, muitas mulheres chegam com determinada demanda, mas, quando fazem os primeiros exercícios, descobrem que precisam promover um novo arranjo na vida antes de começar sua jornada de desenvolvimento.

Também aplicamos a avaliação dos "sabotadores" proposta no livro *Inteligência positiva*,[41] de Shirzad Chamine, CEO de uma das

---

41 CHAMINE, Shirzad. **Inteligência positiva**: por que só 20% das equipes e dos indivíduos alcançam seu verdadeiro potencial e como você pode alcançar o seu. Tradução: Regiane Winarski. Rio de Janeiro: Objetiva, 2013.

maiores organizações de treinamento de coaches do mundo, que esteve na lista dos mais vendidos do *The New York Times* em 2012. Segundo o autor, apenas 20% das pessoas alcançam seu verdadeiro potencial e a culpa é dos sabotadores "invisíveis" da mente humana, que estariam constantemente impedindo a realização pessoal e profissional. Entre os tais sabotadores estão perfis como crítico, prestativo, inquieto e controlador, que, segundo o autor, estão entranhados no modo como interpretamos e reagimos às coisas. Além disso, ele pondera que ser multitarefa não é tão bom quanto somos levados a acreditar.

Assim, conhecendo a fundo nossas principais habilidades e pontos de atenção, poderemos traçar com mais clareza o caminho que deveremos percorrer para alcançar o resultado que desejamos.

Agora, vamos nos aprofundar nos pilares que deram origem ao seu nome: Bem-estar, Escolhas, Transformação e Ressignificação. Essa foi uma forma que encontrei de sistematizar todo o conhecimento e experiência que adquiri ao longo dos últimos anos, o que me capacitou para ajudar outras mulheres na mesma situação. Eu convido você agora a mergulhar profundamente nesta jornada, sendo bastante sincera ao longo de todas as propostas de exercícios e conhecendo melhor cada pilar por meio dos exemplos de aplicação que vou oferecer aqui.

BEM-ESTAR

O que é bem-estar para você?

- [ ] Ter tempo livre para caminhar no parque todas as manhãs.
- [ ] Tomar um café tranquilo em família.
- [ ] Tomar um banho demorado.
- [ ] Ler as notícias do dia em um local agradável.
- [ ] Conseguir estar com seu filho por mais horas.
- [ ] Viajar com frequência.
- [ ] Caminhar na praia.

O QUE A FAZ RELAXAR?

Esse pilar envolve a definição de metas pessoais que impactam a vida profissional, sempre mantendo a essência de cada indivíduo. A ideia aqui é que você cuide da sua saúde mental e física, equilibrando os objetivos profissionais ao bem-estar pessoal. Ainda que a gente não perceba, praticar uma atividade física ou ter pequenos momentos de prazer nos faz um bem profundo.

As ferramentas utilizadas aqui incluem técnicas de meditação e mindfulness que ajudam a manter o foco, perguntas para entender melhor as emoções e os valores, e coaching de saúde e bem-estar para manter o equilíbrio físico e mental. Esses recursos ajudam a alinhar seus objetivos de carreira ao bem-estar geral, evitando o burnout e garantindo satisfação no trabalho.

Experimente a jornada que trilhamos neste pilar refletindo sobre os pontos abaixo:

Como você está se sentindo hoje?

À BEIRA DE ESGOTADA CANSADA DESMOTIVADA INSEGURA SEGURA EM PAZ/ MUITO CONFIANTE
UM ATAQUE TRANQUILA FELIZ
DE NERVOS

Acredita estar direcionada a realizar seus objetivos ou se sente perdida e cansada?

☐ cansada
☐ perdida
☐ segura
☐ confiante

Como está sua rotina? O que você quer manter, pois lhe gera mais energia, e o que você gostaria de eliminar?

Método BERT – um recurso para a transformação da liderança feminina

Quais são seus valores inegociáveis? Ou seja, o que você não renunciaria de jeito nenhum para atingir os seus objetivos e manter a sua essência?

_____

_____

_____

_____

Como está a sua vida? Em que áreas você sente que está bem e tem clareza sobre ela? Em que áreas você sente que não está progredindo?

_____

_____

_____

_____

ESCOLHAS

Fazer boas escolhas envolve considerar as opções disponíveis, refletir sobre os valores e objetivos pessoais. No segundo pilar, portanto, você vai aprender a trabalhar sua autoconfiança, ou seja, adquirir segurança e autonomia para tomar as melhores decisões, e assim fazer escolhas conscientes que conduzam a um caminho mais leve e próspero.

A autoconfiança será melhorada por meio de perguntas poderosas, de ferramentas de coaching que geram afirmações positivas, da prática de autocompaixão e da realização de tarefas que demonstram competência e habilidade.

Tenha contato com essa etapa do processo respondendo a estas perguntas:

- Você sabe o que é mais importante na sua vida agora?
- O que motiva você? O que a faz levantar todos os dias da cama?
- Como está a sua saúde hoje? Física, mental e emocional?
- Quem é a pessoa que pode fazer você crescer na vida? E no trabalho?
- O que tira a sua energia? Liste três acontecimentos que tiram a sua energia e têm forte impacto em sua produtividade diária.
- Quais atividades atuais estão tirando você do caminho rumo ao seu objetivo? Liste três atividades diárias que estão drenando a sua energia e gerando mais ansiedade.
- O que falta para você começar a agir agora?

RESSIGNIFICAÇÃO

O terceiro pilar promove uma reflexão para a desconstrução de comportamentos e crenças limitantes que impactam negativamente sua evolução profissional. Você vai refletir sobre a validade e a utilidade de cada crença, buscando maneiras alternativas de pensar ou agir.

Por exemplo, se uma mulher acredita que "não é boa o suficiente", vamos explorar as raízes dessa crença, examinar a evidência contra ela e então reformulá-la para algo mais capacitador. Depois de ressignificar questões como essa, os obstáculos podem ser vistos como oportunidades para crescimento e mudança.

Esta etapa passa por reflexões como:

Quão importante é a opinião das pessoas para você (de 0 a 10)?

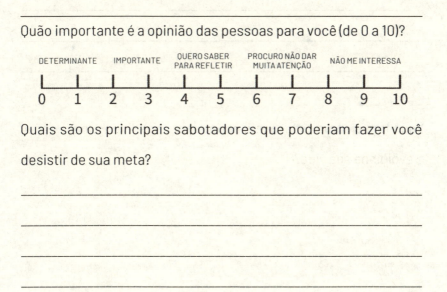

Quais são os principais sabotadores que poderiam fazer você desistir de sua meta?

_____
_____
_____
_____

MULHERES QUE LIDERAM JOGAM JUNTAS

Você se lembra de um momento da vida em que teve orgulho do que fez? O que você sentiu nesse momento?

_____

_____

_____

_____

_____

O que precisa acontecer para você mudar a forma como enxerga a vida e começar a construir seu futuro?

_____

_____

_____

_____

_____

Você tem alguma crença que pode estar impedindo-a de crescer e evoluir na sua vida?

_____

_____

_____

_____

Método BERT – um recurso para a transformação da liderança feminina

Qual é a importância que isso tem para você? E para as pessoas que você ama? Isso é importante para elas?

_____

_____

_____

_____

_____

Você consegue perceber quando perde seus limites? Geralmente, quando isso ocorre?

145

_____

_____

_____

_____

Houve aprendizagem nesse processo? Como você pode usar isso a seu favor?

_____

_____

_____

_____

TRANSFORMAÇÃO

Após trabalhar com os três primeiros pilares, você estará pronta para assumir uma nova fase de sua vida, pois se sentirá segura para se apropriar dos resultados conquistados e seguir com prosperidade.

Chegando ao quarto pilar, uma nova fase se abrirá diante de seus olhos, em que as mudanças realizadas nos pilares anteriores começam a ter efeito. Isso pode envolver a tomada de novas ações baseadas nas escolhas feitas, experimentando um sentido renovado de propósito no trabalho e uma maior satisfação e felicidade como resultado.

Continue refletindo:

Escolha três habilidades que são as suas fortalezas e vão ajudá-la na direção do seu objetivo.

Método BERT – um recurso para a transformação da liderança feminina

Cite três principais mudanças que você sentiu de maneira concreta ao praticar os exercícios propostos.

_____

_____

_____

_____

_____

O que falta para você começar a agir agora?

_____

_____

_____

_____

Quais seriam os três primeiros passos para começar a atingir a sua meta?

_____

_____

_____

_____

MULHERES QUE LIDERAM JOGAM JUNTAS

O que precisa acontecer para você saber que está em direção ao seu objetivo?

_____

_____

_____

_____

_____

Quem estaria celebrando com você a conquista dessa meta? Como você se sentiria com isso?

_____

_____

_____

_____

Como você pode transformar a vida de outras pessoas com os seus aprendizados?

_____

_____

_____

_____

Método BERT – um recurso para a transformação da liderança feminina

Qual versão você contaria para seu filho ou alguém que você ama a respeito desse assunto?

_____

_____

_____

_____

_____

Qual é o legado que você quer deixar para o mundo?

_____

_____

_____

_____

_____

Quando você olha para si, sente que está construindo a sua melhor versão para viver a vida dos seus sonhos?

_____

_____

_____

_____

_____

Partindo dessa autoavaliação, você terá informações valiosas para projetar aonde deseja chegar, equilibrando todas as esferas da sua vida. Não se trata de um milagre ou algo que vai acontecer em um estalar de dedos – exige empenho, dedicação e força de vontade, mas o resultado é recompensador!

Vou citar alguns exemplos que estão relacionados à minha própria transformação e podem até parecer clichês, mas na verdade têm a ver com autoconfiança, autoconhecimento e um sentimento de paz e plenitude em nossas escolhas. Assinale aqueles que também fazem sentido para você.

Uma sensação de transformação plena acontece quando você...

☐ começa a sentir prazer nas pequenas coisas do dia a dia, como poder chegar em casa e brincar com seu cachorro e ele ficar feliz da vida só pelo fato de você estar ali;

☐ percebe que sua casa tem sua energia e ali você sente que está no melhor lugar do mundo;

☐ fala "besteiras" com seu filho, no meio do jantar, que rendem boas risadas, e você se sente grata por esse momento;

☐ passa em frente a uma loja de roupas e não tem vontade de gastar todo o seu dinheiro e se endividar para comprar peças de grife, porque já não se preocupa mais com a aparência;

Método BERT – um recurso para a transformação da liderança feminina

- ☐ trabalha em um projeto e consegue a superação das metas graças ao apoio do time;
- ☐ sobe no palco representando sua equipe para receber um troféu, na festa de fim de ano da empresa, com mais de 30 mil colaboradores, e quando você desce todos se abraçam e se emocionam.

CAPÍTULO 6:

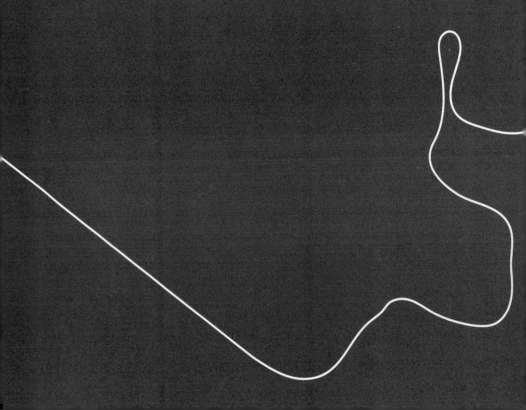

Conheça a si mesma, respeite seus limites e torne-se uma mulher de sucesso

Sabe aquela cena clichê de filme, em que a protagonista caminha linda e poderosa em uma calçada lotada de gente? Ela tem a cabeça erguida e ri sozinha porque está feliz consigo mesma. Cada passo que ela dá e cada obstáculo que supera é motivo de um novo sorriso discreto e confiante. (E quem assiste ao filme vibra junto porque sabe tudo pelo qual ela passou até ali.) Pois eu já estou imaginando você assim – alegre, bela e segura da sua caminhada.

Ao aplicar o método BERT, você será capaz de construir uma nova realidade em seu benefício. Sim, porque nossa vida é o reflexo do que projetamos. O que estou dizendo é algo que grandes cientistas já registraram em pesquisas:[42] a realidade depende da

---

42 A exemplo do neurocientista Miguel Nicolelis, "considerado pela revista *Scientific American* um dos 20 cientistas mais influentes do planeta". MARASCIULO, Marília. **Galileu**, 10 ago. 2020. Disponível em: https://revistagalileu.globo.com/Ciencia/noticia/2020/08/miguel-nicolelis-o-cerebro-humano-e-o-verdadeiro-criador-do-universo.html. Acesso em: 10 set. 2023.

MULHERES QUE LIDERAM JOGAM JUNTAS

ótica do observador, que interpreta e dá sentido aos dados do mundo. É você, portanto, quem dá sentido aos dados da sua vida. E a partir do momento em que você analisa com cuidado esses dados, começa a se dar conta do poder que tem para remanejá-los.

Tudo isso pode parecer meio óbvio, mas não é – na correria de todos os dias, sem nem pensar, repetimos comportamentos que vão se enraizando em nosso corpo ao longo do tempo. Por isso é tão importante o processo de autoconhecimento que proponho aqui, para trazer à tona tudo aquilo que precisamos deixar para trás e assim promover mudanças que nos tragam uma vida plena. Você experimentou uma amostra desse processo com o livro e tenho certeza de que já não é mais a mesma pessoa que era quando começou esta leitura e, principalmente, depois de refletir e responder às perguntas do capítulo anterior.

Umas mais, outras menos, sei que algumas questões mexeram com seus pensamentos. Não sei se foi em algo que estava escondido lá no fundo das suas caixinhas de memórias, ou tem a ver com algum aspecto que está bem aqui à sua frente, explodindo sua mente e detonando você, mas posso assegurar que a melhor saída para lidar com esse incômodo é uma só: reagir.

Você precisa olhar para si mesma, precisa se ouvir e observar seu mundo interno. Desative o piloto automático e pare de olhar para

Conheça a si mesma, respeite seus limites e torne-se uma mulher de sucesso

fora – se você não parar, a vida vai detê-la em algum momento, e não vou dizer que pode ser tarde demais porque sempre é tempo para mudar, mas você já trilhou um caminho, andou vários passos, clareou as ideias com as reflexões que trouxe aqui e se sente mais confiante para seguir em frente. Não faz sentido voltar para trás agora, concorda?

Acredite: esse momento introspectivo consigo mesma é transformador. E, por mais difícil que isso seja, posso lhe dizer que o resultado é gratificante. Sabe por quê? Porque você vai ganhar **clareza** e **consciência** de como está seu momento atual de vida.

Você pode até dizer que não está tão mal assim. Que a família vai bem, o trabalho é que é o problema, ou vice-versa. Acontece que somos seres humanos integrados. Não tem como ter sucesso no trabalho e infelicidade na vida pessoal. Quando não há essa integração, uma hora a casa cai. E isso ocorre porque, muitas vezes, não temos energia suficiente para nos organizar e saímos executando as demandas do trabalho, da casa e de todo o resto sem raciocinar muito.

É aí que entra o método, para ajudar você a se conhecer melhor, auxiliando na definição de limites. Quando isso acontece, você se respeita e começa a focar o que realmente importa. E, ainda que encontre desafios pelo caminho, encontrará também energia, saúde e bem-estar para escolher a vida que quer – e merece – viver.

Com o método, você passa a entender quais são seus reais objetivos para correr atrás dos seus sonhos. E essa compreensão é fundamental. O simples fato de você saber quem você é, qual é a direção que está tomando e quais são os seus valores inegociáveis já são ações que vão levá-la para um próximo nível.

Eu já vejo você livre das crenças limitantes (aquelas que fazem parte da etapa de ressignificação do método), e isso é muito poderoso, porque a tira de um lugar de submissão e baixa sua expectativa com o outro, fazendo com que a projeção da sua felicidade esteja em si mesma, e não em algo externo. Isso é importante para poder manter a integridade e a saúde quando depositamos fichas demais no trabalho, por exemplo, e não sabemos lidar com a frustração ao sofrer um tombo.

No livro *O feitiço das organizações*,[43] Maria Aparecida Rhein Schirato lembra que empresa não é família, como muitas vezes costumamos acreditar. "Aliás, não conheço nenhuma família que corte 20% dos membros quando entra em crise. Família divide o bife, põe mais água no feijão e não demite filhos", escreveu a

---

43 SCHIRATO, Maria Aparecida Rhein. **O feitiço das organizações**: sistemas imaginários. São Paulo: Atlas, 2000.

Conheça a si mesma, respeite seus limites e torne-se uma mulher de sucesso

autora. Ter a clareza dessa verdade faz com que nos tornemos MULHERES DE SUCESSO sem romantizar as organizações nem as pessoas.

Você já sabe – talvez tenha sentido na pele – que, se sua mente adoece, seu corpo adoece também. Mas o contrário é igualmente verdadeiro. Mente e corpo alinhados de modo saudável empoderam!

Sabe quando o GPS recalcula a rota porque você dobrou na rua errada? De repente, precisamos recalcular a nossa jornada para encontrar esse alinhamento – e isso implica estar disposta a aprender coisas novas para viver uma nova vida. O que muda é exatamente isso. A gente entende que precisa mudar o rumo da nossa navegação se queremos ter experiências diferentes. E quem nos guia nessa caminhada é o GPS do nosso cérebro. É ele que vai evitar que você se perca no meio do caminho.

PERMITA-SE VIVER O PROCESSO DE TRANSFORMAÇÃO DE MANEIRA CONSCIENTE E INTENCIONAL

Foi em busca de um propósito que a escritora e mentora Paula Abreu mudou radicalmente de vida. Ela largou o glamour, o status e a segurança do salário fixo do mundo corporativo para viver algo que lhe fizesse mais sentido. Aos 35 anos, ela era considerada uma advogada de sucesso e tinha uma carreira de liderança internacional bem-sucedida: ganhava muito bem, vivia em um bairro nobre do Rio de Janeiro e chegou a ser considerada uma das principais profissionais de sua área por uma importante publicação. Só havia um detalhe: Paula não estava feliz. "Eu, muitas vezes, acordei infeliz e dirigi chorando até o trabalho, onde ficava trancada por horas em um mundo que não tinha nada a ver comigo", confessou, certa vez.[44] Ao ser demitida em 2012, o que para muitos pode ser visto como um tropeço, para ela serviu de oportunidade. "Escolhi ser a dona do meu próprio cérebro e recuperar a minha liberdade", disse ela.

A demissão foi o empurrão que faltava para que pudesse se dedicar à sua grande paixão: a escrita. Paula já atuava na área, tinha dois livros publicados, e meses depois lançaria sua terceira obra, em que conta a história de sua transição de carreira. Hoje, ela é um dos principais no-

---

44 Disponível em: https://escolhasuavida.com.br/elementor-8394/. Acesso em: 10 set. 2023.

Conheça a si mesma, respeite seus limites e torne-se uma mulher de sucesso

mes do coaching e do marketing digital no país, sendo conhecida por seu trabalho em desenvolvimento pessoal. Aliás, qualquer semelhança com a minha história não é mera coincidência! Eu a considero uma grande mentora, responsável por muitos dos meus aprendizados, e até hoje sigo os seus ensinamentos.

Mas não pense que foi fácil para ela viver essa transformação. Quando demitida, Paula teve de reduzir significativamente seu padrão de vida para que o dinheiro da rescisão pudesse durar mais tempo. Ao mesmo tempo, investiu no autoconhecimento, no aprimoramento profissional e na espiritualidade. Também passou a cuidar do corpo, da mente e do espírito, e desde então vem colhendo os frutos dessa mudança, que vão muito além dos benefícios próprios. Ao longo dos anos, ela impactou centenas de mulheres mostrando que é possível escolher e viver uma nova vida quando ganhamos consciência de como promover a mudança.

Em um de seus vídeos publicados[45] em rede social, Paula chama a atenção para a importância do autocuidado e como isso pesa no trabalho: "Às vezes, você é maravilhosa, tecnicamente, sabe coisa para caramba, é uma superexpert, mas não consegue organizar as ideias direito, não consegue criar um método, não consegue mostrar para o cliente de uma maneira clara o que você tem aí dentro de você, porque está com o

---

45 Disponível em: https://www.instagram.com/reel/CvZ7YGuALur/?utm_source=ig_web_copy_link&igshid=MzRlODBiNWFlZA==. Acesso em: 10 set. 2023.

cognitivo na merda". Segundo a especialista, ter um hobby e praticá-lo com regularidade, promover pausas para o descanso e cuidar de si são atitudes que afetam diretamente a nossa qualidade de vida, beneficiando inclusive o trabalho. "Não existe negócio nenhum que funcione se o cognitivo não está bem."

UMA PARCERIA DE SUCESSO

Ter uma autoestima elevada também é importante para fortalecer a nossa saúde física, mental e emocional. É o que defendem as criadoras da Beleza Natural, rede de salões especializada em cabelos cacheados e crespos cujo slogan é "Uma fábrica de autoestima". A empresa é um exemplo de como a dificuldade econômica e o preconceito racial e de gênero podem provocar grandes transformações pessoais e sociais. De família humilde e numerosa, a fundadora Zica Assis começou sua jornada como faxineira. Mas ela tinha outros planos para si mesma e perseguiu seu sonho até conseguir mudar de área e viver de seu trabalho como cabeleireira, graças a muita luta e determinação. Zica criou um relaxante para os cabelos em uma época em que mal se ouvia falar desse tipo de produto e conseguiu lançar a empresa, em parceria com Leila Velez. Filha de porteiro, Leila começou a trabalhar aos 14 anos (algo que na época era

Conheça a si mesma, respeite seus limites e torne-se uma mulher de sucesso

tido como comum) no McDonald's e em pouco tempo tornou-se a mais jovem gerente da unidade. De espírito empreendedor, ela é conhecida por sua liderança inovadora e por seu compromisso em capacitar outras mulheres no mundo dos negócios. A aliança entre essas duas executivas admiráveis e o incentivo mútuo que tiveram foram fundamentais para o sucesso do negócio, que cresceu buscando valorizar a beleza natural da mulher e combatendo a discriminação contra a mulher negra. Criada em 1993, a companhia já ganhou filial em Nova York, Zica já esteve na lista da Forbes de mulheres mais poderosas do Brasil e elas já lançaram um livro contando sua história de sucesso.

MOMENTO DE LIBERTAÇÃO

E, por falar em livro, quero compartilhar outra história da minha carreira, porque ela ilustra bem o momento em que eu estava no meio do processo de aplicação do método BERT e minhas novas ideias começavam a ganhar mais nitidez.

Pouco tempo depois do último desligamento, recebi uma proposta de trabalho de uma grande instituição financeira. Marquei de ir até lá para saber do que se tratava. No dia do encontro, retomei meu figurino de executiva – vesti um terno e uma calça de alfaiataria, usei um sapato scarpin e caprichei no visual do cabelo. Quando entrei na sala de reunião vestida daquele jeito, eu me vi novamente em um ambiente ao qual já estava acostumada, mas, em vez de ficar feliz – afinal, eu estava ali para saber sobre um possível novo emprego –, senti algo estranho, embora não soubesse bem o que era.

Eu já estava melhor, recompondo-me da demissão e reconstruindo meu ego. Fiquei muito contente com o reconhecimento e a possibilidade de continuar no mercado financeiro. O trabalho era instigante, o salário seria maior, era uma proposta quase irrecusável. Aquilo me fez voltar a acreditar no meu valor.

Mas não aceitei de imediato. Fiquei de pensar e dar uma resposta. Eu não estava decidida.

Conheça a si mesma, respeite seus limites e torne-se uma mulher de sucesso

Ao sair da empresa e entrar no meu carro, a primeira coisa que fiz foi tirar o salto – aquilo me deu um alívio! Claro que esse tipo de sapato não é dos mais confortáveis, mas não era só isso. Era o que aquele figurino representava para mim naquele momento. Aquilo parecia um sinal.

Quando cheguei em casa, olhei para meu Plano de Vida (que faz parte da etapa das Escolhas da metodologia BERT) e revisei os dez tópicos da lista que havia escrito à mão no meu caderno:

Item 1. ME RESGATAR, ME REENCONTRAR, ME CURAR. Estar bem comigo mesma e com saúde.

Item 2. Escrever um livro para ajudar outras mulheres.

Item 3. Escrever e lançar o Projeto Social Grandes Mulheres do Interior.

Item 4. Construir e viver de um negócio que seja capaz de transformar milhares de mulheres.

Item 5. Aprender os métodos mais inovadores do mercado sobre mentoria e liderança.

Item 6. Finalizar a minha terceira formação em coaching que prorroguei por dois anos.

Item 7. Fazer uma formação no Instituto Brasileiro de Governança Corporativa (IBGC), pois entendo que

MULHERES QUE LIDERAM JOGAM JUNTAS

a carreira de conselheira é algo que também quero construir para o futuro.

Item 8. Aprender tudo sobre marketing digital.

Item 9. Tornar-me palestrante para que por meio da minha história eu possa contribuir com outras mulheres.

Item 10. Me colocar sempre em PRIMEIRO LUGAR e de forma INTEGRADA.

A lista continha de modo resumido todos os meus planos e sonhos, e me lembro, na hora, de ter dito a mim mesma que eu ia seguir tudo o que estava ali.

*O simples fato de você
saber quem você é, qual é a
direção que está tomando
e quais são os seus valores
inegociáveis já são ações
que vão levá-la para
um próximo nível.*

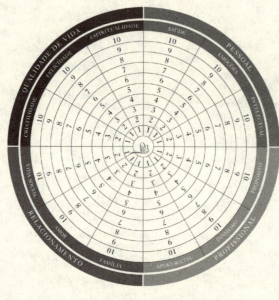

SUA VIDA ESTÁ EQUILIBRADA?

Quando fiz meu plano de vida, usei uma ferramenta que é bastante conhecida na área do coaching. Cada pessoa ou instituição coloca um nome diferente, mas resolvi manter como a Roda da Vida, à qual tive acesso nessa minha busca pelo autoconhecimento. A proposta dessa ferramenta é ajudar você a entender e visualizar sua satisfação e equilíbrio em diferentes áreas da vida. Ela fornece uma visão panorâmica da sua vida, o que pode ser útil para estabelecer prioridades e desenvolver ações. E foi exatamente isso que fiz. Após ver o desenho, fiz meu plano de vida com ações efetivas, como você viu aqui no livro.

Conheça a si mesma, respeite seus limites e torne-se uma mulher de sucesso

Aqui está uma explicação simplificada de como aplicar a Roda da Vida:

1. **O CÍRCULO:** *Comece olhando esse grande círculo. Esse círculo representa sua vida.*

2. **O CÍRCULO EM SEGMENTOS:** *O círculo é dividido em 4 grandes pilares. As áreas comuns incluem: carreira, relacionamentos familiares, desenvolvimento pessoal, saúde, lazer, vida social, finanças e ambiente.*

3. **AVALIE CADA ÁREA:** *Em uma escala de 1 a 10 (onde 1 é totalmente insatisfeito e 10 é totalmente satisfeito), avalie sua satisfação em cada área da vida. Marque esse ponto em cada segmento do círculo.*

4. **DESENHE UMA NOVA LINHA:** *Conecte os pontos que você marcou em cada segmento para formar uma nova linha dentro do círculo.*

5. **ANALISE SUA RODA:** *A nova linha que você desenhou mostrará quão "equilibrada" está sua roda. Se a roda parecesse que poderia girar suavemente se fosse uma roda real, indica equilíbrio, do contrário, mostra quais são as áreas que necessitam de mais atenção.*

6. **ESTABELEÇA METAS:** *Com base em sua análise, determine quais áreas você gostaria de melhorar e estabeleça metas para cada uma delas.*

7. **DESENVOLVA UM PLANO DE AÇÃO:** *Para cada meta, desenvolva um plano de ação específico para alcançá-la. Isso pode incluir etapas específicas, recursos necessários e prazos.*

8. **REVISE REGULARMENTE:** *O equilíbrio na vida é dinâmico e pode mudar com o tempo. Portanto, é útil revisar e atualizar sua Roda da Vida regularmente (por exemplo, a cada trimestre ou semestre).*

Usar a Roda da Vida pode ser uma forma eficaz de ganhar clareza sobre sua vida atual e onde você deseja fazer mudanças. Ela pode ser usada em conjunto com outras ferramentas e técnicas de coaching para ajudar a guiar e direcionar seu desenvolvimento pessoal.

Claro que a opção de retornar ao mercado naquele posto era tentadora, pois significava dar a volta por cima e mostrar que eu era, sim, competente e desejada – havia quem me quisesse e valo-

Conheça a si mesma, respeite seus limites e torne-se uma mulher de sucesso

rizasse as minhas habilidades. Sem falar que me era algo familiar. Embora em um novo local, com novos processos e novas pessoas, era o que eu tinha feito até então e sabia fazer de melhor.

Do outro lado, eu tinha algo completamente desconhecido e desafiador. Eu sabia o que queria, mas não sabia bem como ia pôr em prática meus novos objetivos, já que estava desbravando novos "territórios". Eu estava literalmente mudando de tribo ao sair do mundo corporativo para entrar no mundo das mulheres empreendedoras.

Enquanto refletia sobre a minha decisão, eu só tinha uma certeza: falar SIM para aquele convite significaria falar **não** para aquilo que meu coração e minha mente sinalizavam.

Foi uma escolha difícil, senti medo, insegurança e dúvida, mas optei por recusar aquela oportunidade incrível. Pela primeira vez na vida eu estava dizendo sim para as minhas vontades e os meus sonhos. Foi um momento de libertação e devo isso à consciência que adquiri ao longo desse período: desde que passei a trabalhar meu bem-estar, repensei as minhas escolhas, desconstruí comportamentos e investi na minha transformação.

Talvez você já tenha passado por esse momento ou conheça alguém que vivenciou essa guinada no roteiro da vida: a ex-colega do trabalho, a cunhada do seu ex-marido que atuava em uma multinacional ou mesmo a moça da academia, uma executiva que após um grande baque mudou seu rumo e não por acaso virou sua amiga. Cada experiência é única, mas há algo (para além do preconceito e da discriminação de gênero que sofremos) que todas temos em comum: a decisão de priorizar a nossa vida e adotar medidas para cuidar de nós mesmas.

Isso pode envolver decisões difíceis, como pedir demissão de um trabalho tóxico, ou pode significar mudanças em rotinas e hábitos diários para promover um melhor equilíbrio entre trabalho e vida pessoal.

No meu caso, fiz uma escolha de empreender na área de desenvolvimento humano e ajudar outras mulheres através da minha experiência. Lembre-se sempre: você se torna dona do seu destino intencionalmente quando foca aquilo que é verdadeiramente valioso para você.

O método BERT olha para seu momento presente respeitando as suas emoções e a coloca para visualizar o futuro. Existe um mundo de possibilidades à sua espera, e você é a única capaz de assumir o compromisso de mudar de vida. Você tem esse poder e com ele pode conquistar o que deseja!

Você se torna dona do seu destino intencionalmente quando foca aquilo que é verdadeiramente valioso para você.

CAPÍTULO 7:

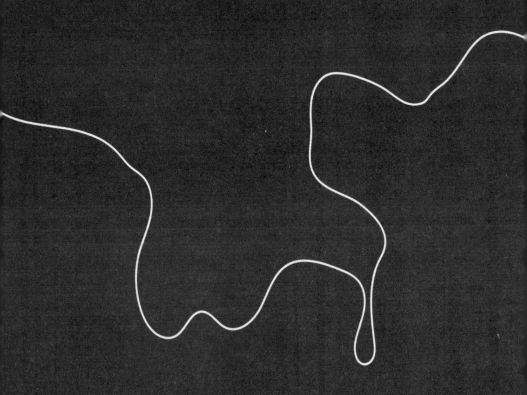

O poder da escolha ou o poder da sororidade

Termino nossa jornada com uma declaração de Jacinda Ardern. Ela foi eleita primeira-ministra da Nova Zelândia em 2017, aos 37 anos, tornando-se a chefe de governo mais jovem do planeta. E, aos 42 anos, com quase seis anos de mandato, anunciou que não ia se candidatar à reeleição. "Espero deixar os neozelandeses com a crença de que você pode ser gentil, mas forte; empático, mas decisivo; otimista, mas focado. E que você pode ser seu próprio tipo de líder – alguém que sabe quando é hora de ir embora", afirmou, deixando não só o cargo, mas um legado.[46]

---

46 TURNBULL, Tiffanie. Por que Jacinda Ardern, primeira-ministra da Nova Zelândia, renunciou. **BBC News**, 19 jan. 2023. Disponível em: https://www.bbc.com/portuguese/internacional-64329138. Acesso em: 10 set. 2023.

Mesmo tendo ganhado respeito e notoriedade pela maneira bem-sucedida como conduziu a população no combate ao coronavírus, ela alegou não ter mais combustível para seguir na posição de líder.

O caso de Jacinda pode dar a entender que o trabalho exige muito das mulheres, especialmente das que chegam à liderança. Ou pode nos mostrar outro lado dessa moeda: como é bom ter força e coragem para saber quando é hora de abdicar de um governo. Essa foi a escolha dela; a sua poderia ter sido diferente. O importante é celebrar a capacidade que cada uma de nós tem de tomar essa decisão, sabendo quando é hora de investir na carreira ou de priorizar outras áreas. Há quem queira se tornar uma grande executiva, seguir o mundo acadêmico, abrir o próprio negócio ou mesmo dar uma pausa em tudo – como é bom quando chegamos a um estágio de autoconhecimento em que conseguimos fazer essas escolhas com clareza e consciência!

Conhecer histórias de pessoas como Jacinda, Zica, Leila, Paula e muitas outras que não foram citadas no livro, mas são gente como a gente, nos faz acreditar que, sim, é possível viver uma vida integrada e que vale a pena.

Minha proposta com o método BERT é buscar a integração de tudo o que nos constitui como mulher, na direção do equilíbrio

O poder da escolha ou o poder da sororidade

entre vida profissional e pessoal. Você não será capaz de rodar todos os pratos da balança, como costuma fazer na loucura do dia a dia, mas poderá escolher aqueles que valem a pena balançar.

Ao promover as mudanças estruturais na sua jornada, estará alinhada ao seu propósito no campo profissional e terá uma rotina mais saudável e satisfatória. Aliás, arrisco dizer que você já consegue se identificar com alguns dos cenários descritos a seguir.

☐ Trabalho com o que gosto e me faz feliz e não tenho mais aquela sensação de culpa histórica por estar dividindo a atenção entre trabalho e família.

☐ Sinto que estou mais presente em tudo o que faço, seja na hora da atividade física, seja em uma importante reunião executiva, por exemplo.

☐ Tenho mais tempo de qualidade com a família, tempo para olhar nos olhos dos meus filhos e estabeleço conversas sinceras para que eles se tornem adultos seguros.

☐ Sou capaz de priorizar os cuidados pessoais, mantendo uma regularidade nas atividades físicas, me alimentando melhor, dedicando um tempo (ainda que menor do que gostaria) aos hobbies e cuidando da saúde de maneira preventiva (e não depois que as bombas estouram dentro do corpo).

MULHERES QUE LIDERAM JOGAM JUNTAS

☐ Posso zelar pela higiene mental: meditar, ler bons livros, sair com os amigos, passear com a família nos fins de semana e conhecer novos lugares sempre que possível.

Mesmo que para muitas mulheres possa parecer uma vida dos sonhos, essa é a realidade que você está próxima de conquistar.

Vamos relembrar tudo o que fizemos até aqui? Primeiramente, refletimos sobre a nossa posição no mundo na condição de mulheres para entender que somos capazes de quebrar paradigmas. Mas vale frisar: nunca sozinhas, e sim contando com outras mulheres, nossas aliadas, porque somente de maneira coletiva podemos promover uma mudança mais consistente e deixar nosso legado para as mulheres do futuro.

Depois, entendemos quais são os problemas enfrentados por líderes femininas em um nível mais pessoal. Ou seja, como todas essas questões culturais da nossa geração afetam nosso comportamento e nossa saúde física e mental. E refletimos por que desacreditamos na nossa capacidade, em reação ao domínio masculino estabelecido. Também nos conscientizamos de que o movimento natural é esconder essas fragilidades debaixo do tapete para nos mostrarmos fortes frente aos homens.

Em seguida, trouxemos uma amostra das reflexões propostas pelo método BERT para instigá-la e motivá-la a mergulhar mais

O poder da escolha ou o poder da sororidade

profundamente dentro de você. De posse das perguntas do capítulo 5, espero que você tenha se aberto para a transformação que estou propondo, que envolve trazer à tona suas crenças limitantes e estabelecer novos padrões na sua vida.

E qual o objetivo de todo esse trabalho? Prepará-la para se tornar não só uma líder exemplar no lugar onde você trabalha, como também **líder da sua própria vida**. E o melhor: com o poder e a sabedoria que sua energia feminina lhe confere, sem vergonha de se colocar como mulher em qualquer situação e ambiente. E sem medo de fazer alianças com outras mulheres. Precisamos caminhar juntas se queremos promover uma evolução social profunda.

Não se preocupe se ainda restam dúvidas sobre as questões que levantamos aqui, porque isso faz parte do processo de autoconhecimento. Ao praticar o passo a passo indicado aqui, aos poucos você começará a se sentir mais segura para se apropriar dos resultados conquistados.

Eu estou muito feliz com a minha transformação e as minhas conquistas, e tenho agora o desafio de fazer com que mulheres como você se sintam igualmente felizes e satisfeitas com as escolhas que fizerem.

Não me tornei uma Mulher-Maravilha, uma pessoa perfeita. Pelo contrário, aprendi a respeitar minhas limitações e aceitar meus erros com mais generosidade, simplesmente porque sou humana. Eu me abracei e me acolhi, e com isso me fortaleci. Hoje sinto-me integrada, corpo e alma, serena nesta jornada que se chama vida. E é exatamente por esse motivo que decidi que minha missão é compartilhar com outras mulheres essa luta, mostrar a elas que é possível, sim, se sentir profissionalmente satisfeita sem abrir mão de sua vida pessoal e saúde mental e física.

Assim como eu e as dezenas de mulheres que já mentorei, convido você a trocar o salto alto por um salto "quântico". E que seja um salto coletivo, que a gente possa promover esse movimento entre várias mulheres. Que a gente forme uma corrente poderosa, capaz de mudar o tecido social da maneira como está configurado hoje.

Se você chegou até aqui, convide outras mulheres para evoluir com você. Sugira as reflexões do método BERT para suas amigas e colegas de trabalho. E, se notar que elas estão competindo entre si, seja a agente da transformação. Lembre-as de que, praticando a sororidade, podemos ser mais fortes do que somos isoladamente.

VAMOS JUNTAS, MULHERES!

Que a gente forme uma corrente poderosa, capaz de mudar o tecido social da maneira como está configurado hoje.

FAÇA PARTE DO MOVIMENTO #MULHERESQUELIDERAMJOGAMJUNTAS!

Para construir sua jornada facilitada pelo método BERT, convido-a para uma sessão experimental comigo. Para participar, basta postar uma foto com o livro adquirido e a hashtag **#MulheresQueLideramJogamJuntas**. *Nossa equipe entrará em contato com você via inbox.*

Se não tiver perfil no Instagram, ou se seu perfil for fechado, entre em contato conosco por e-mail informando a postagem: contato@danielabertoldo.com.br.

MULHERES QUE LIDERAM LEEM

186 • ***Os homens explicam tudo para mim***, *de Rebecca Solnit, 2008*

Rebecca Solnit é uma das principais figuras do feminismo contemporâneo. Jornalista e historiadora, ela parte de um episódio cômico – um homem passou uma festa inteira falando de um livro que "ela deveria ler", sem lhe dar chance de dizer que, na verdade, ela era a autora – para debater a prática machista de homens não deixarem as mulheres falar por acharem que sabem mais do que elas – termo conhecido como *mansplaining*, cuja criação foi inspirada nesse livro. A obra explora problemas não reconhecidos pela cultura patriarcal, abordando as diferentes manifestações de violência contra a mulher, que vão desde silenciamento a agressão física, abuso e morte.

O poder da escolha ou o poder da sororidade

- **A mãe de todas as perguntas**, de Rebecca Solnit, 2017
  Nessa obra, Solnit reflete sobre temas cruciais à realidade da mulher de hoje, como misoginia, violência contra a mulher, desigualdade no espaço de trabalho, silenciamento feminino, fragilidade masculina, o histórico recente de piadas sobre estupro, entre outros.

- **Quem tem medo do feminismo negro?**, de Djamila Ribeiro, 2018
  Um bom começo para quem quer refletir tanto sobre o feminismo quanto sobre o que é ser negra no Brasil, o livro é composto de um conjunto de artigos e crônicas publicados no blog da revista *Carta Capital* entre 2014 e 2017. A escritora e filósofa parte de experiências pessoais da sua infância e adolescência para falar, por exemplo, do processo de silenciamento ou apagamento da personalidade devido à discriminação. Fatos ocorridos com outras mulheres negras, como os ataques a celebridades como Maju ou Serena Williams e o aumento da intolerância às religiões de matriz africana também são citados para falar de conceitos como empoderamento feminino e interseccionalidade. Ainda são tratados temas como os limites da mobilização nas redes sociais, as políticas de cotas raciais e as origens do feminismo negro nos Estados Unidos e no Brasil.

MULHERES QUE LIDERAM JOGAM JUNTAS

- ***Mulheres invisíveis**, de Caroline Criado Perez, 2022*
  Escritora, jornalista e ativista feminista britânica premiada,
  Perez mostra como a coleta e o uso de dados tende a ver os
  homens como o padrão e as mulheres como a exceção, mesmo
  quando são informações relacionadas ao universo feminino, o
  que contribui para agravar a desigualdade de gênero.

MULHERES QUE LIDERAM ASSISTEM

190 • **As sufragistas**, *2015*

O filme traz a história da luta pelo direito de voto das mulheres inglesas, estrelado por grandes atrizes como Carey Mulligan, Helena Bonham Carter, Brendan Gleeson, Anne-Marie Duff e Meryl Streep. Apesar de retratar o início do século XX, o filme denuncia uma realidade surpreendentemente atual.

• **Adoráveis mulheres**, *2019*

Quatro irmãs vivem a transição da adolescência à vida adulta tendo como cenário de fundo a Guerra da Secessão, nos Estados Unidos, nos anos 1860. Com personalidades e talentos diferentes, elas se apoiam para enfrentar as pressões da época em uma celebração da vida e do poder feminino.

O poder da escolha ou o poder da sororidade

- **_Que horas ela volta?_**, *de 2015*

Dirigido por Anna Muylaert, esse filme brasileiro mostra o cotidiano de Val (Regina Casé), nordestina que trabalha como empregada doméstica em São Paulo. Ela deixa a família no interior de Pernambuco, mas, quando sua filha decide morar com ela para prestar vestibular, uma série de fatos torna difícil a convivência na casa dos patrões. Tensões e diferenças entre famílias de diferentes classes sociais revelam a desigualdade social vigente. E a inversão de papéis na família abastada – o homem fica em casa enquanto a mulher trabalha – inverte valores do patriarcado e joga luz ao empoderamento da mulher e do poder materno.

- **_Eu não sou um homem fácil_**, *2015*

Esse longa-metragem francês usa a comédia para evidenciar práticas machistas populares. Um homem que representa o personagem clássico machista que vê as mulheres como objeto de repente bate a cabeça num poste e desperta em uma nova realidade dominada pelo sexo feminino, onde entra em conflito com uma poderosa escritora.

Este livro foi impresso
pela Gráfica Assahi
em papel pólen bold 70g
em novembro de 2023.